ÁFRICA TANTAS ÁFRICAS

Conceição Oliveira e Luiz Carlos Azenha

1ª edição
1ª impressão
Curitiba, 2014

EDITORA POSITIVO

África, tantas Áfricas
© Conceição Oliveira e Luiz Carlos Azenha, 2014

Direitos de publicação
© 2014 Editora Positivo Ltda.

Direção de programas de governo e governança editorial: Márcia Takeuchi
Supervisão Editorial: Jeferson Freitas
Edição: João Luíz Lourenço
Revisão: Kátia Scaff Marques (supervisão); Cristiano Oliveira da Conceição, Maiza Prande Bernardello
Supervisão de arte: Juliano de Arruda Fernandes
Edição de arte: Alberto Yamamoto, Danilo Conti, Fernando Morisco Machado Borges
Ilustrações de capa: Mauricio Negro
Projeto gráfico e capa: Aurélio Camilo
Diagramação: Estúdio Editores.com
Produção gráfica: Danilo Marques da Silva
Assistência editorial: Emilia Yamada, Janaina Beltrame, Karina Miquelini
Pesquisa Iconográfica: Júnior Guilherme Madalosso

Dados Internacionais para Catalogação na Publicação (CIP)
(Maria Teresa Alves Gonzati CRB 9-1584 / Curitiba, PR, Brasil)

```
048   Oliveira, Conceição.
         África, tantas Áfricas / Conceição Oliveira, Luiz Carlos
      Azenha — Curitiba : Positivo, 2014.
         64 p. : il.

         ISBN 978-85-385-8060-7

         1. Literatura infantojuvenil. I. Azenha, Luiz Carlos. II. Título.
                                                                CDU 087.5
```

Impressão e acabamento: Gráfica e Editora Posigraf Ltda.

2014
1ª edição
1ª impressão

Todos os direitos reservados à Editora Positivo Ltda.
Rua Major Heitor Guimarães, 174 – Seminário
80440-120 – Curitiba – PR
Site: www.editorapositivo.com.br
Fale com a gente: 0800 723 6868

ÁFRICA TANTAS ÁFRICAS

Créditos da direita para a esquerda, de cima para baixo: Latinstock/Corbis/Frank Lukasseck; Grupo Keystone/S. Tauqueur; Grupo Keystone/Peter Erik Forsberg; Shutterstock/Graeme Shannon; Grupo Keystone/Aldo Pavan; Getty Images/Cultura/Hybrid Images; Latinstock/LatitudeStock/Johnathan Smith; Grupo Keystone/Christian Goupi; Grupo Keystone/Christian Goupi; Grupo Keystone/ Kevin O'Hara.

Caravana de tuaregues em Erg Chebbi, Saara.

Vista da cidade de Durban, África do Sul.

Vista da cidade litorânea de Agadir, Marrocos.

Savana africana, com o Monte Kilimanjaro coberto de neve ao fundo, Tanzânia.

Aldeia em Koma Dobe, em Alantika, Senli.

Menina sul-africana.

Loja feminina de roupas tradicionais, Gâmbia.

Crianças na medina de Chefchaouen, Marrocos.

Jovem tuaregue de Timia, Níger.

Cerimônia ritual "Alamal Lengipaata" realizada na aldeia masai ('maniata'), no Quênia.

Autores

Conceição Oliveira

Sou historiadora e, claro, muito curiosa! Desde os tempos de faculdade, sempre me interessei pela África e pela cultura afro-brasileira. Minha África era a dos livros até 2009-2010, quando tive a oportunidade de viajar para o continente africano e conhecer alguns países em que a língua portuguesa é a língua oficial, como Moçambique, Cabo Verde e Guiné-Bissau. Então, foi como se todo o conhecimento acumulado em constantes pesquisas sobre esse continente se materializasse diante de mim.

As capulanas moçambicanas — tecidos usados como saia ou vestido, muito coloridos, cujos desenhos e motivos "contam" histórias do povo africano, descritas nos romances e nas poesias dos escritores desse país —, que vestem boa parte das mulheres de Moçambique e de outras partes do continente africano, estavam diante de mim, adornando Belquiza, uma adolescente que conheci na Ilha de Moçambique e que sonha ser jornalista. Ela nos convidou a entrar, e no baú de sua avó havia dezenas de peças desse tecido, até mesmo a que sua avó usou no casamento!

Sentindo o perfume dos cajus nos cajueiros carregados das imensas plantações que cobrem as terras de Guiné-Bissau, observava o vaivém de pessoas e os hábitos migrados de um continente ao outro por meio das colonizações portuguesas. O caju é nativo do Brasil, mas foi adotado pelos guineenses como se fosse deles.

Penso como Luiz Carlos Azenha: é uma pena que conheçamos tão pouco do continente africano, porque ele tem muito de nós. Ao conhecermos os países que compõem a África, seus diversificados povos e culturas, temos a oportunidade de nos conhecermos também. Por isso quis escrever este livro para vocês: ao longo de suas páginas, vocês vão descobrir um pouquinho da África e, ao mesmo tempo, um pouquinho mais sobre nós mesmos.

Conceição Oliveira na Ilha de Moçambique, Moçambique, 2009.

Luiz Carlos Azenha

Sou repórter e viajei diversas vezes para diferentes países do continente africano. Visitei Serra Leoa, Marrocos, Gana, Quênia, Moçambique, Namíbia, Botsuana, África do Sul, Cabo Verde e Guiné-Bissau. Vi de perto as crianças que foram recrutadas como soldados na guerra civil em Serra Leoa, naveguei pelo Oceano Índico, atravessei Moçambique de automóvel, vi os preparativos para a Copa do Mundo de 2010 na África do Sul e entrevistei os parentes do presidente Barack Obama, no Quênia, país onde nasceu o pai do atual presidente dos Estados Unidos.

Conheci muitas cidades desses países que visitei, e o que mais me espantou foi perceber a distante realidade entre o que presenciei na África e as notícias veiculadas por jornais e tevês brasileiras sobre o continente africano. Um território tão imenso como o da África, com mais de 50 países, é tratado muitas vezes como se fosse uma região homogênea, quase como se fosse uma única nação. Além disso, os problemas da África são, muitas vezes, associados à cor da pele dos povos que vivem lá. Ao visitar o continente africano, é surpreendente perceber quanto ele é rico, diverso e desconhecido para muitos brasileiros! Não conhecemos de verdade esse incrível continente!

Assim, essa sensação de descoberta foi a que mais me motivou a fazer este pequeno livro para crianças e adolescentes: talvez vocês, leitores, aprendendo um pouquinho sobre esse continente, se interessem mais sobre os povos africanos e suas culturas, especialmente sobre as contribuições que eles deram ao Brasil e que ajudaram a fazer dele o que é hoje.

◆ Luiz Carlos Azenha com criança do povo Himba, Namíbia, 2009.

Apresentação

O livro *África, tantas Áfricas* é resultado das viagens de uma historiadora e um jornalista brasileiros pelo continente africano. Com um olhar interessado e o objetivo de compreender esse continente, os autores proporcionam ao leitor uma síntese introdutória ao conhecimento sobre a África e mostram como a história do nosso país está interligada à história de muitos países africanos.

Durante suas viagens, seus olhares curiosos vão desvendando diversos países, povos e culturas. Uma circulação de homens, ideias, línguas, gastronomia, ancestrais, Orixás, Nkissis, todo um mundo a ser descoberto simultaneamente em dois continentes. Assim, por meio da leitura do livro, podemos nos reconhecer nos africanos e vice-versa, percebendo uma natureza humana e um patrimônio cultural em comum, apesar das narrativas antigas eurocêntricas que apresentavam um continente exótico, sem história, isto é, traziam um discurso a legitimar a dominação, o tráfico e a exploração.

A nova África se revela dinâmica após as independências, um continente reconstruindo sua própria história, tornando-se sujeito de seu discurso, de sua afirmação. Nós nos reconhecemos nele assim como ele se reconhece em nós. Uma história em comum que um ou dois oceanos não podem separar.

Várias viagens, várias e novas visões. Novas leituras e um novo itinerário a ser percorrido. E ele se inicia por esta introdução a *África, tantas Áfricas*.

Carlos Serrano
Professor de Ciências Sociais e Diretor do
Centro de Estudos Africanos da Universidade de São Paulo

Sumário

Por que "Áfricas"? 8

O berço da humanidade: somos todos africanos 14

Muitas Áfricas, muitas culturas 23

◆ África atual: um continente planetário 32

◆ De lá para cá, de cá para lá 40

◆ O terrível comércio de gente 42

◆ Da África para o Brasil 45

◆ Do Brasil para a África 50

As "Áfricas" que visitamos 55

◆ Crianças e adolescentes como você 61

Sugestões de leitura 63

Bibliografia 64

Por que "Áfricas"?

A África é um continente com 55 países, 9 **territórios**, diversas paisagens, muitos povos, línguas, histórias – diferentes formas de viver e de se organizar. Por isso, quando falamos de **África**, devemos pensar no plural, ou seja, na imensa diversidade que é esse continente.

Vamos conhecer um pouquinho dele e de suas diferenças? Para começar, veja no mapa como são muitos os países que formam esse continente.

África: divisão política

Fonte de pesquisa: <http://atlasescolar.ibge.gov.br/images/atlas/mapas_mundo_planisferio_politico_a3.pdf>. Acesso em jul. 2014.

> **Território:** área de controle de um país. Em alguns casos, esses territórios estão distante dos países que os controlam politicamente. No continente africano, por exemplo, as Ilhas Canárias e Madeira, embora se localizem no Oceano Atlântico, próximas a países africanos da costa ocidental, pertencem à Espanha e a Portugal, países que se localizam na Europa. Há também casos de países que possuem áreas dentro do seu território que estão sob controle estrangeiro. Por exemplo, a cidade de Ceuta, que fica no Marrocos, um país ao norte do continente africano, pertence à Espanha.

No continente africano, encontramos uma variedade de paisagens naturais, como savanas, florestas tropicais, montanhas cobertas de neve, desertos, vulcões, dois oceanos (o Atlântico e o Índico), muitos rios, entre eles o Nilo, e ilhas por todo o continente. Encontramos também enorme diversidade entre as cidades: pequenas e grandes cidades, áreas ricas e áreas pobres.

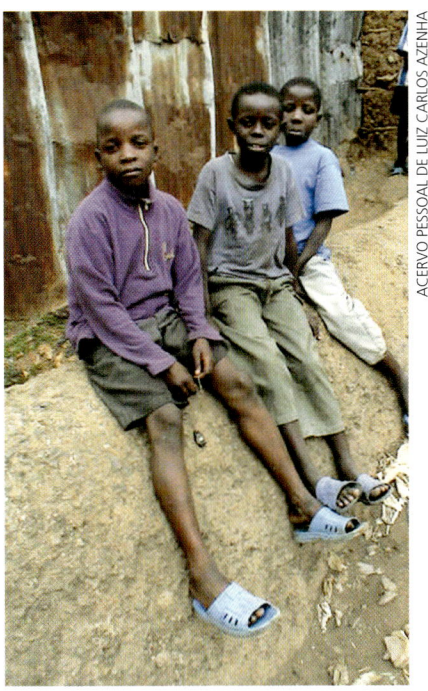

◆ Nairóbi é a capital do Quênia, um país africano que fica na costa leste do continente e é banhado pelo Oceano Índico. Ao caminhar por Nairóbi, podemos perceber riquezas, como carros e edifícios modernos, mas também problemas semelhantes aos encontrados em outras grandes cidades do mundo, como alta concentração populacional e desigualdades sociais. Nairóbi, Quênia, 2008.

◆ A pequena Ilha de Moçambique fica no Oceano Índico, no norte do país de mesmo nome. Ela era a última parada dos europeus antes de chegarem à Índia. Ilha de Moçambique, Moçambique, 2009.

São muitas e diferentes paisagens...

◆ Na língua San, *namib* significa "lugar vasto". Com quase 2 mil quilômetros de extensão, o Deserto da Namíbia é um dos grandes desertos africanos, do tipo costeiro, com dunas desde o litoral sul de Angola até a África do Sul. 2014.

◆ A Praça Tahir, localizada no Cairo, capital do Egito, ficou conhecida no mundo todo em janeiro de 2011, quando um milhão de egípcios ocuparam as ruas para protestar contra o desemprego e por mais democracia. Cairo, Egito, 2011.

... montanhas com neve e desertos...

◆ Você sabia que neva no continente africano? Nas montanhas do Lesoto, um pequeno reino encravado no território da África do Sul, há a ocorrência de neve. Lesoto é o único país do mundo em que todo o seu território está mais de mil metros acima do nível do mar. Na foto, casas cobertas de neve em Makopanong, aldeia localizada no leste de Lesoto, 2011.

◆ O maior deserto quente do mundo é o Saara. Ele se estende por 11 países do continente africano. Deserto do Saara, 2014.

... florestas e ilhas com vulcões...

GETTY IMAGES/GALLO IMAGES/DANITA DELIMONT

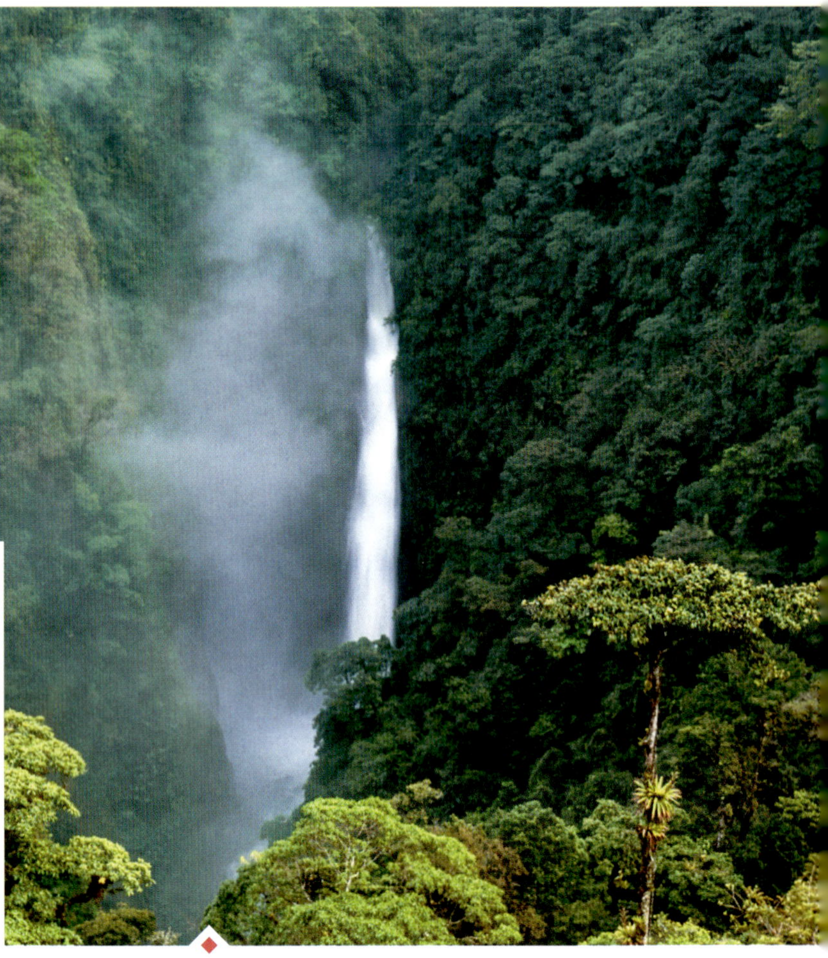

ACERVO PESSOAL DE PADU PALMÉRIO

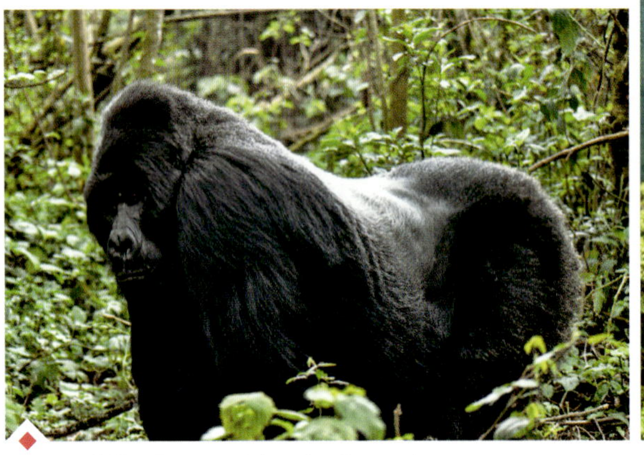

A República Democrática do Congo luta para preservar seus gorilas, que já estiveram ameaçados de extinção. Gorila do Parque Nacional do Virunga, República Democrática do Congo, 2009.

A Floresta do Congo se estende por seis países africanos e é a segunda maior floresta tropical do mundo. Floresta do Congo, África Central, 2014.

LATINSTOCK/RADIUS IMAGES/SIEPHOTO

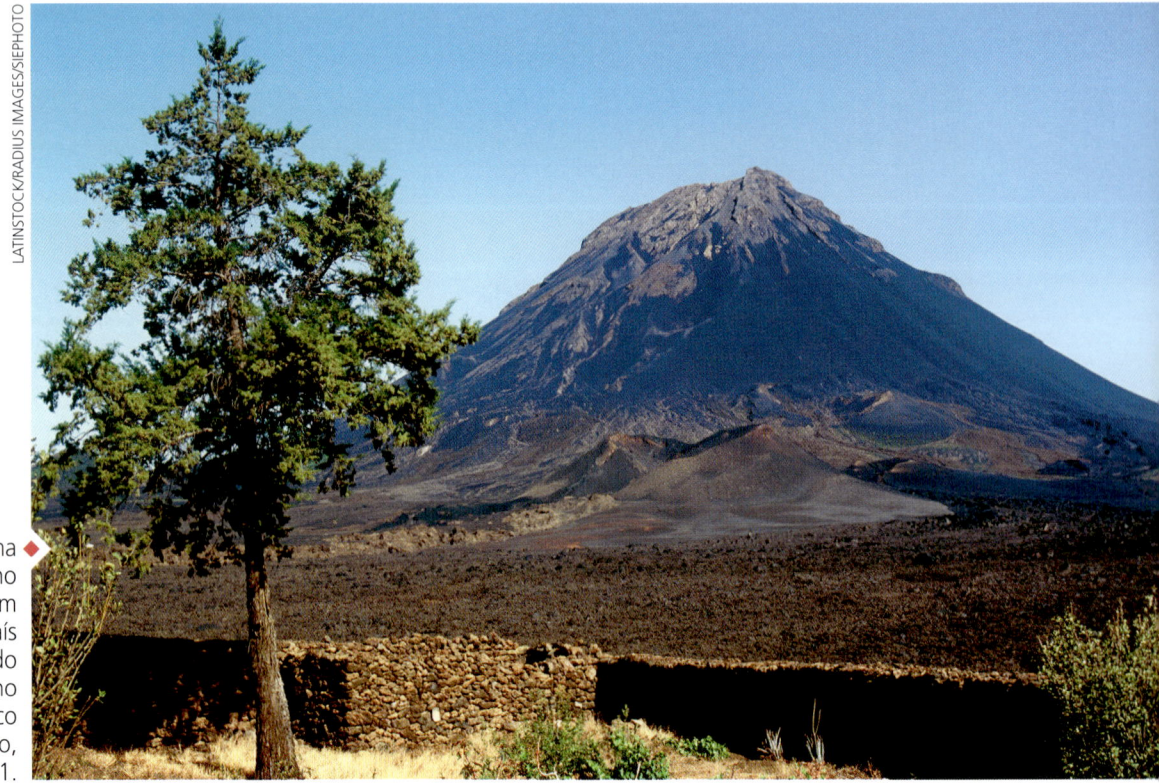

A Ilha do Fogo é uma das dez ilhas no Oceano Atlântico que compõem Cabo Verde, um país africano localizado no meio do Oceano Atlântico. Vulcão Pico do Fogo, Ilha do Fogo, Cabo Verde, 2011.

... e muito mais!

◆ Na Guiné-Bissau, um país africano na costa do Oceano Atlântico, há um arquipélago com 88 ilhas! A maioria delas é completamente desabitada. Ilha de Orango, Arquipélago de Bijagós, Guiné-Bissau, 2010.

◆ A mais famosa das mesquitas de Tombuctu, cidade localizada em Mali, é a mesquita de Sankore, que atualmente abriga a Universidade Islâmica de Sankore. Tombuctu, Mali, 2011.

O berço da humanidade: somos todos africanos

Foi na África que, há milhares de anos, nos tornamos humanos. Nesse continente, aprendemos a ficar em pé, a caminhar, a caçar com armas ou a coletar frutos, sementes, nozes, tubérculos nutritivos para a nossa sobrevivência. Descobrimos como conservar o fogo para cozinhar alimentos e nos aquecer e aprendemos a representar o nosso pensamento, primeiro por meio de desenhos, depois, pela escrita. Por isso, dizemos que a África é o berço da humanidade: nela nós nascemos e desenvolvemos nosso cérebro. Nós, seres humanos modernos, **migramos** da África para os demais continentes, povoando-os.

Sabemos disso graças aos estudos de **fósseis**.

> **Fóssil:** significa "retirado da terra". Chamamos de **fóssil** qualquer conjunto de restos ou traços de um ser vivo muito antigo preservado nas camadas da crosta terrestre e que não perdeu suas características essenciais.
>
> **Migrar:** deslocar-se de uma região para outra ou de um país para outro.

Fonte: *Atlas geográfico escolar*. Rio de Janeiro: IBGE, 2012.

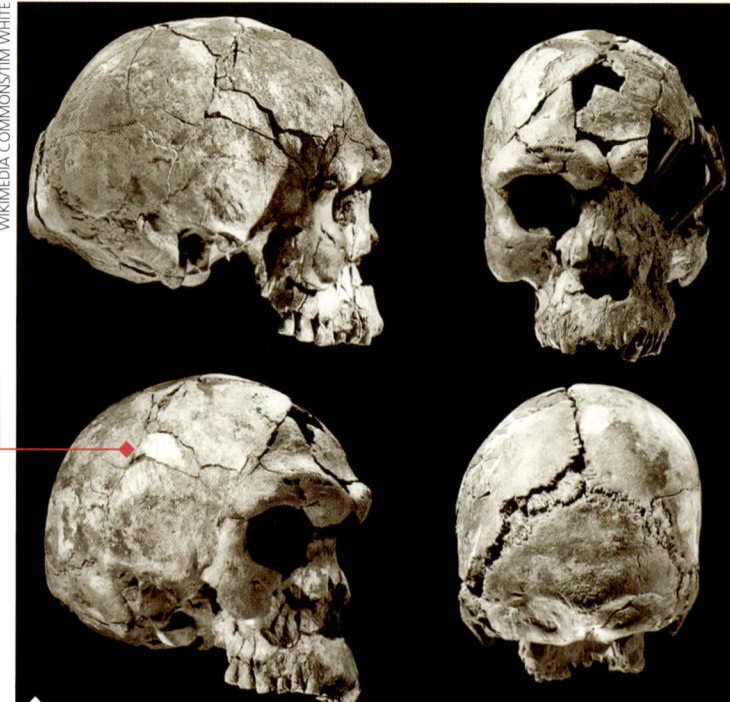

Idaltu, na língua afar, significa "mais antigo", "o que nasceu primeiro". Um crânio dessa espécie de *Homo sapiens* foi descoberto em 2003, no **Triângulo de Afar**, na Etiópia, e é até o momento o mais antigo fóssil de que se tem notícia, o que reforça a tese de que a humanidade nasceu na África.

Há cerca de 5 milhões de anos, nossa **linhagem** e a dos macacos tiveram um ancestral comum. Ao longo do tempo, ambas evoluíram: da linhagem dos macacos se originaram diferentes espécies, como a dos chimpanzés, orangotangos e gorilas; da linhagem dos hominídeos surgiram os humanos modernos, como todos nós.

> **Ancestral:** antepassado, antecessor, nossos avós, bisavós, tetravós, etc.
>
> **Linhagem:** em Biologia, linhagem refere-se à trajetória evolutiva de dada espécie, uma série de gerações. No contexto, se refere à linha de parentesco a que pertence a espécie humana.

Podemos dizer que os macacos modernos são nossos "parentes", mas não nossos **ancestrais**.

Existe uma imagem clássica da **evolução** humana que não corresponde à realidade e acaba transmitindo uma ideia errada de como evoluímos. Você já deve ter visto essa imagem. Observe-a abaixo.

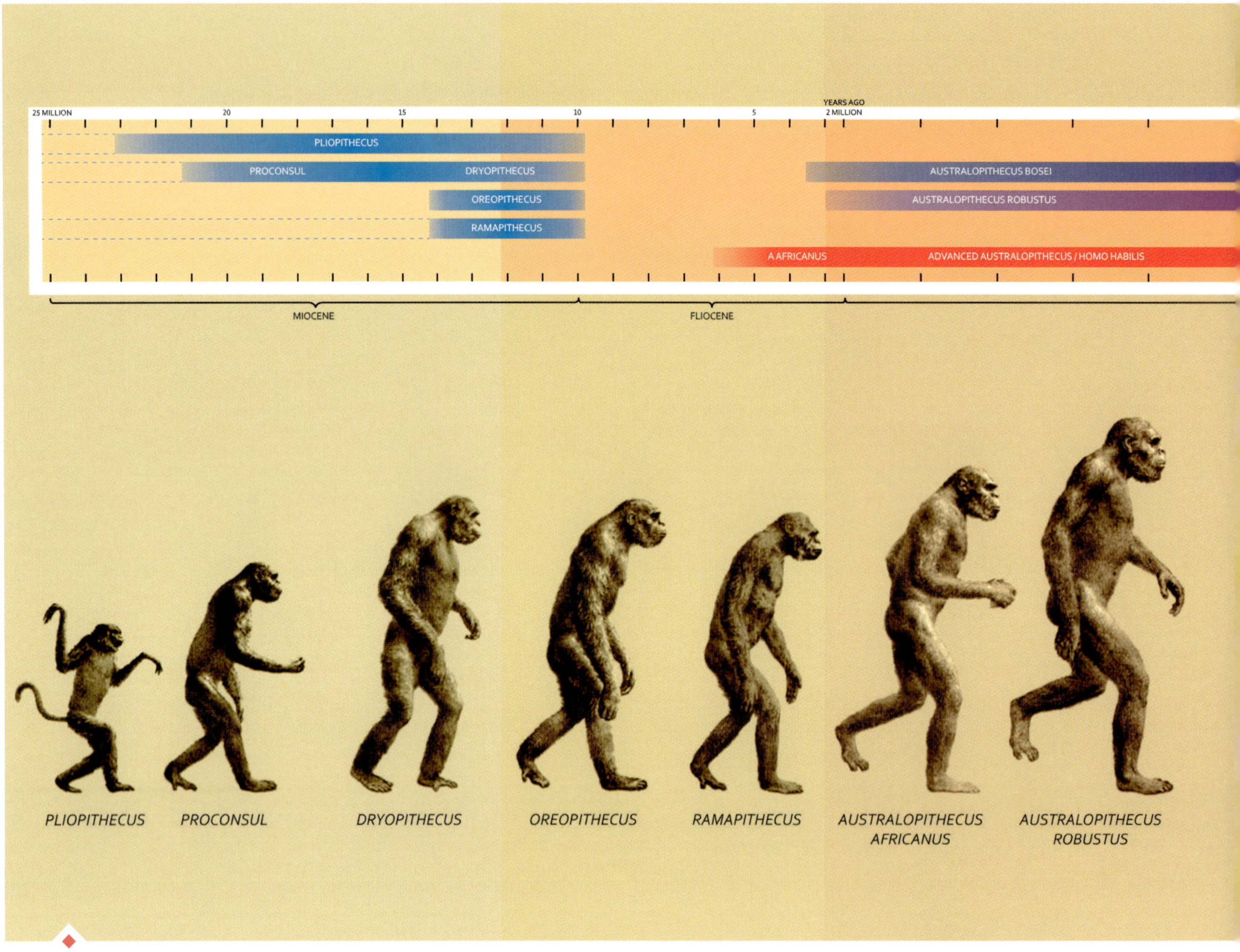

O desenho clássico representando a evolução humana foi criado por Rudolph Zallinger, em 1965, e publicado na famosa obra *Early Man*, da Time-Life Books.

> **Evolução:** neste livro, o termo refere-se à teoria científica que explica, entre outras coisas, o surgimento, a transformação, o desaparecimento de espécies na Terra.

O berço da humanidade: somos todos africanos

Quando você examina a imagem que representa a evolução humana, que ideia você acha que ela transmite?

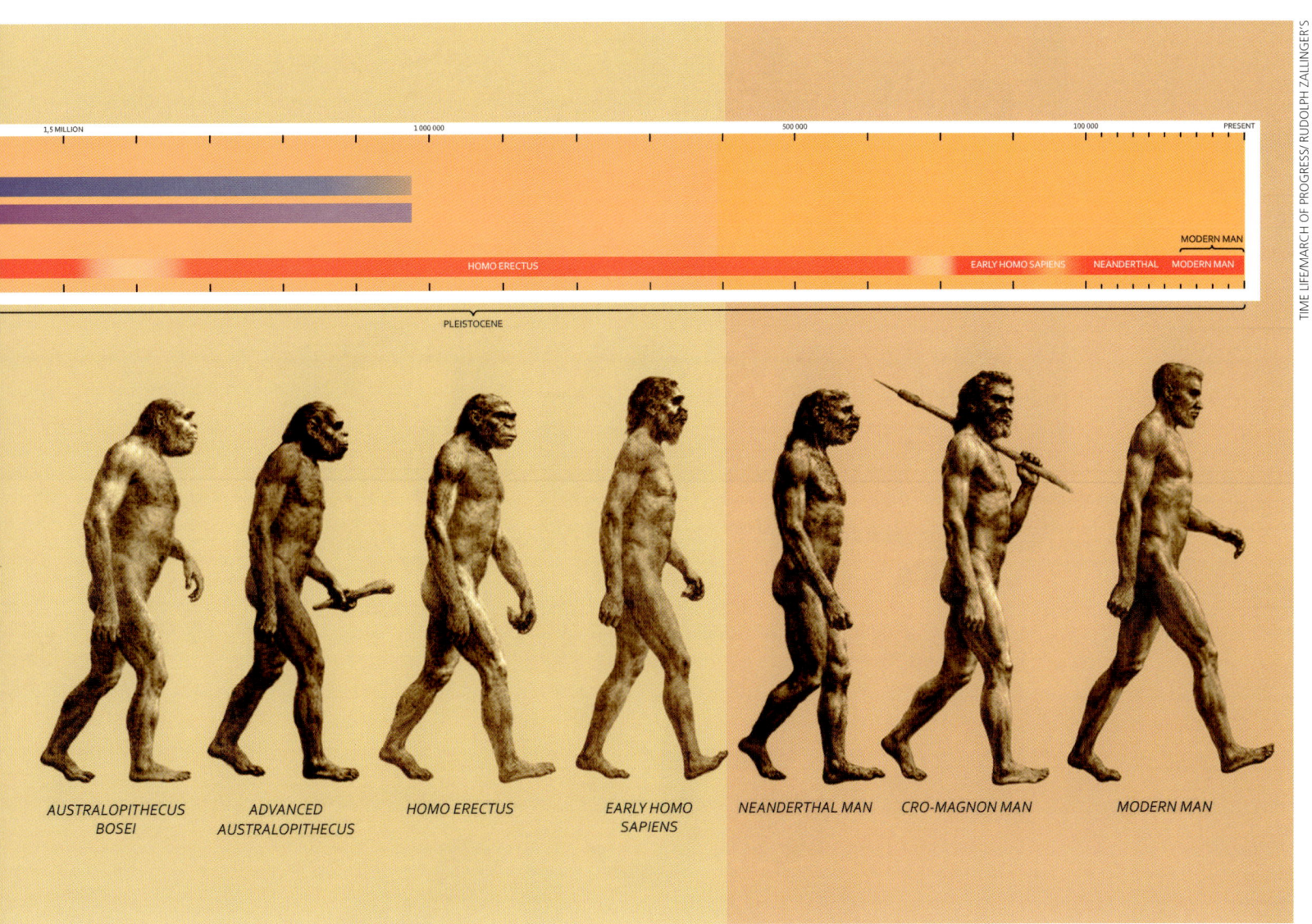

Essa imagem, embora célebre, não contempla as diferentes espécies de hominídeos que apareceram e desapareceram até que a humanidade surgisse. Ou seja, até se formarem os grupos humanos que somos hoje.

Os estudiosos da evolução humana preferem representar nossa evolução como um grande arbusto, cujos galhos são as diferentes espécies de hominídeos. Podemos representá-la também como uma estrada sinuosa que se bifurca em vários caminhos, como podemos observar no esquema da próxima página.

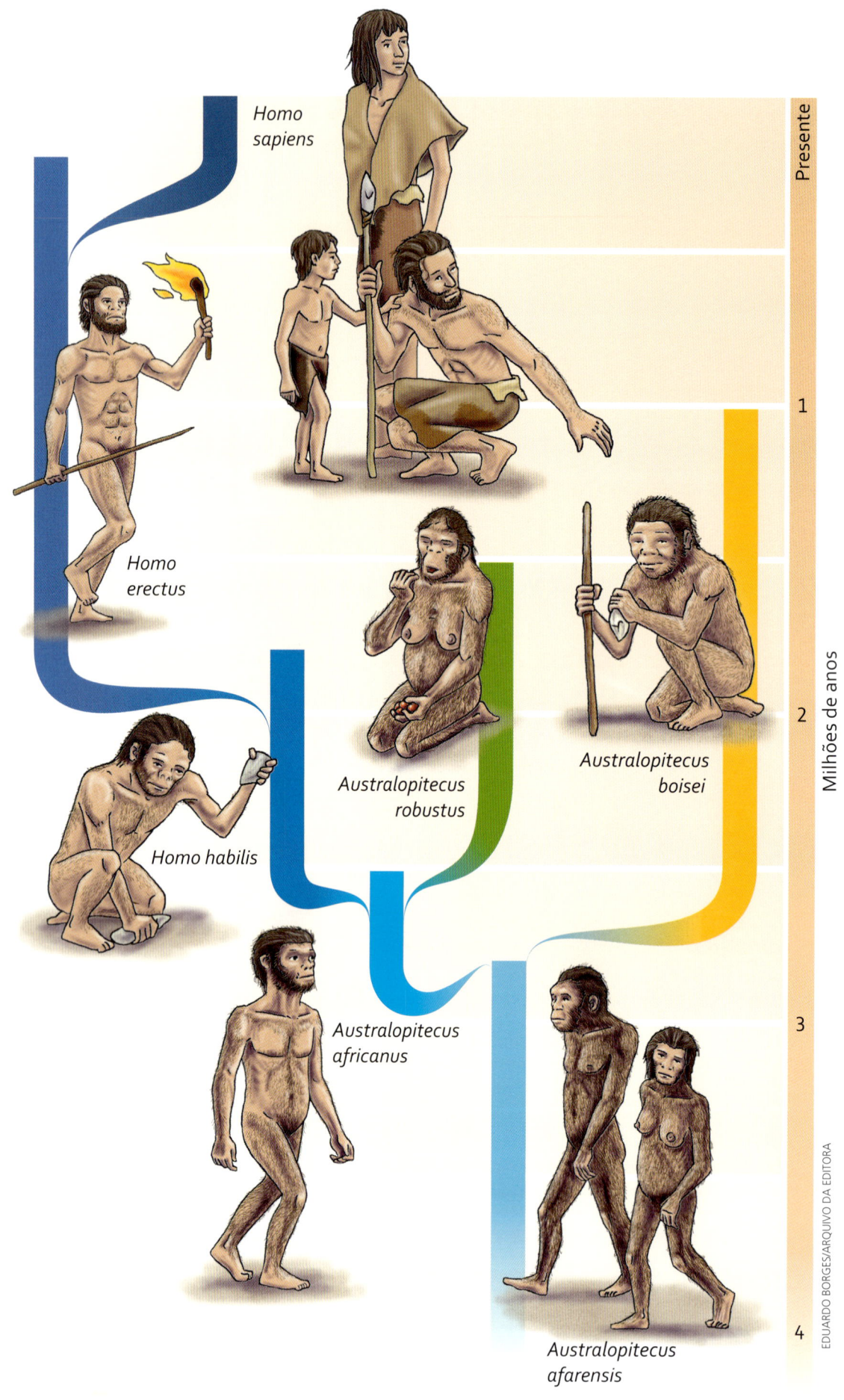

Ancestral desconhecido

Fonte: Esquema ilustrado da evolução humana, adaptado da obra de Richard Leakey, *A origem da espécie humana*, publicado pela Rocco (1995).

O berço da humanidade: somos todos africanos

A Teoria da Evolução diz que as espécies mudam ao longo do tempo muitas vezes e de modo aleatório. Grupos de organismos mais adaptados ao ambiente transferem essas mudanças para as próximas gerações.

> No campo da Biologia, a evolução consiste na mudança das características hereditárias de grupos de organismos (denominados populações e espécies) ao longo das gerações. Essas mudanças podem ser aleatórias ou não. Os grupos de organismos são formados pela divisão de populações ou espécies ancestrais; posteriormente, os grupos descendentes passam a se modificar de forma independente. Assim, numa perspectiva de longo prazo, a evolução é a descendência, com modificações, de diferentes linhagens a partir de ancestrais em comum.

Você já se perguntou quando e por que nossos ancestrais se tornaram bípedes e quais vantagens isso trouxe para os hominídeos?

Pesquisadores que estudam a evolução humana defendem a teoria de que, ao nos tornarmos bípedes, pudemos manter a cabeça fria!

Bem, agora você deve estar se perguntando: qual seria o propósito de "refrigerar" nosso cérebro? Que vantagem tiraríamos disso?

Em pé, nosso corpo fica menos exposto ao sol. Essa postura tornou os pelos do nosso corpo mais finos, ao mesmo tempo que os pelos concentraram-se na cabeça, protegendo-a da exposição maior ao sol. Isso nos permitiu andar por mais tempo sob temperaturas altas para buscar água e alimento, sem que o nosso cérebro se aquecesse demais.

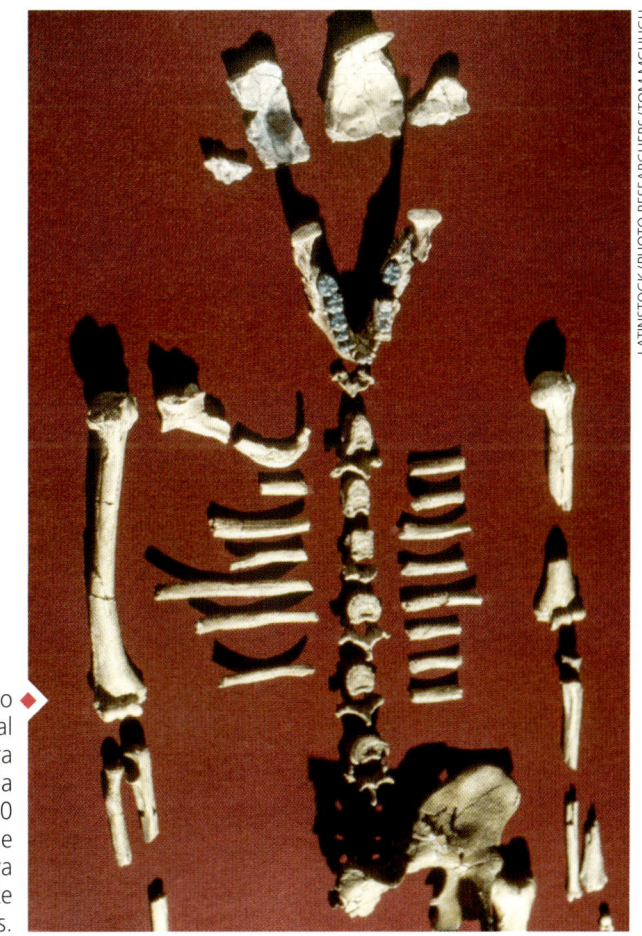

Lucy, nosso primeiro ancestral a ficar em pé, era pequena: media 1 metro e 20 centímetros de altura e pesava aproximadamente 30 quilos.

Com o tempo, aprendemos a buscar alimentos nutritivos capazes de nos manter saciados mesmo em pequenas quantidades. E o desafio de encontrar comida mais nutritiva ajudou a desenvolver cada vez mais o nosso cérebro.

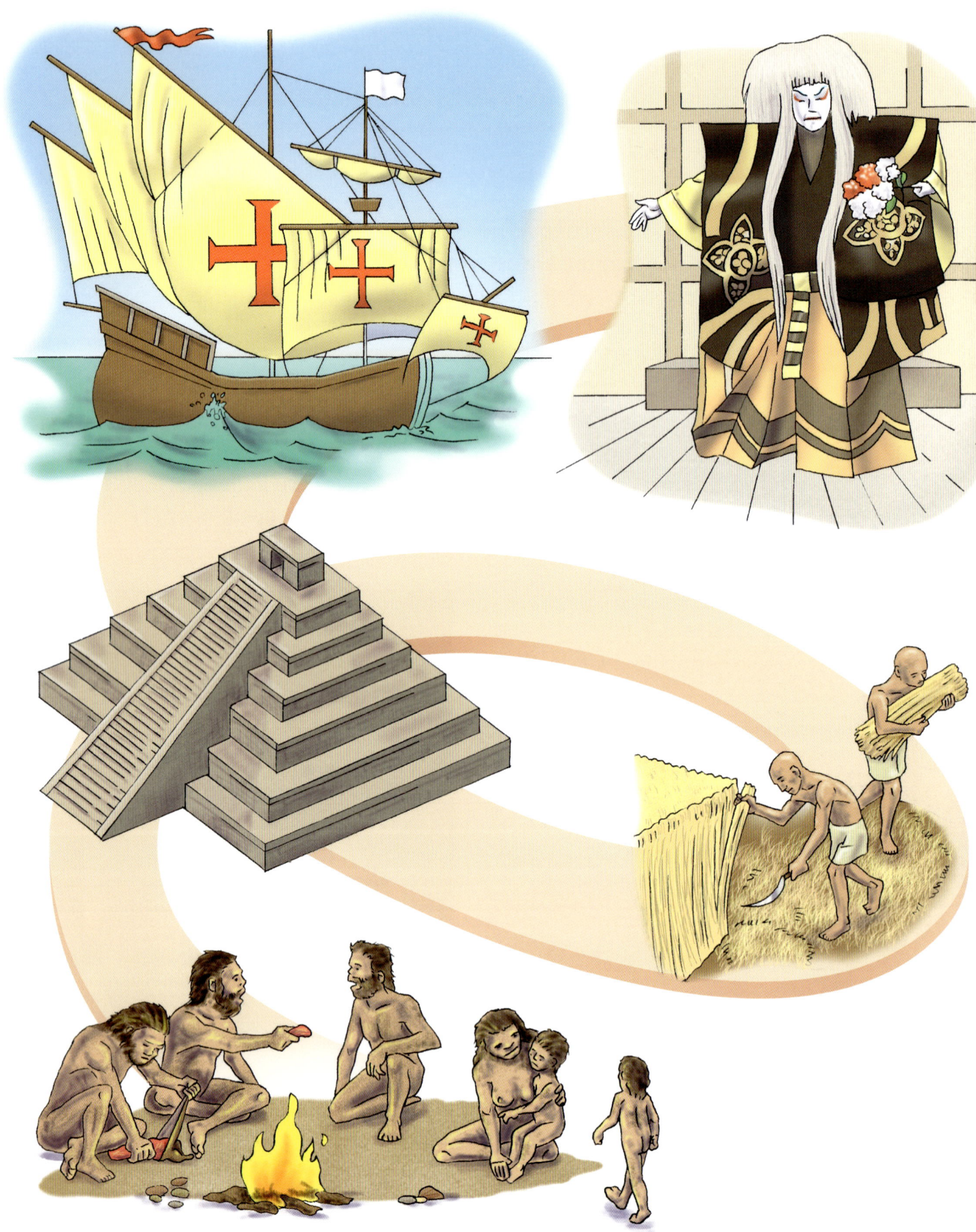

O berço da humanidade: somos todos africanos

Ao longo do tempo, essa mudança permitiu à humanidade inúmeras conquistas, como o desenvolvimento da linguagem. Vale ressaltar que mamíferos com cérebro e comportamento social mais desenvolvidos, como é o caso da nossa espécie, são também os que conseguem melhor refrigerar o cérebro.

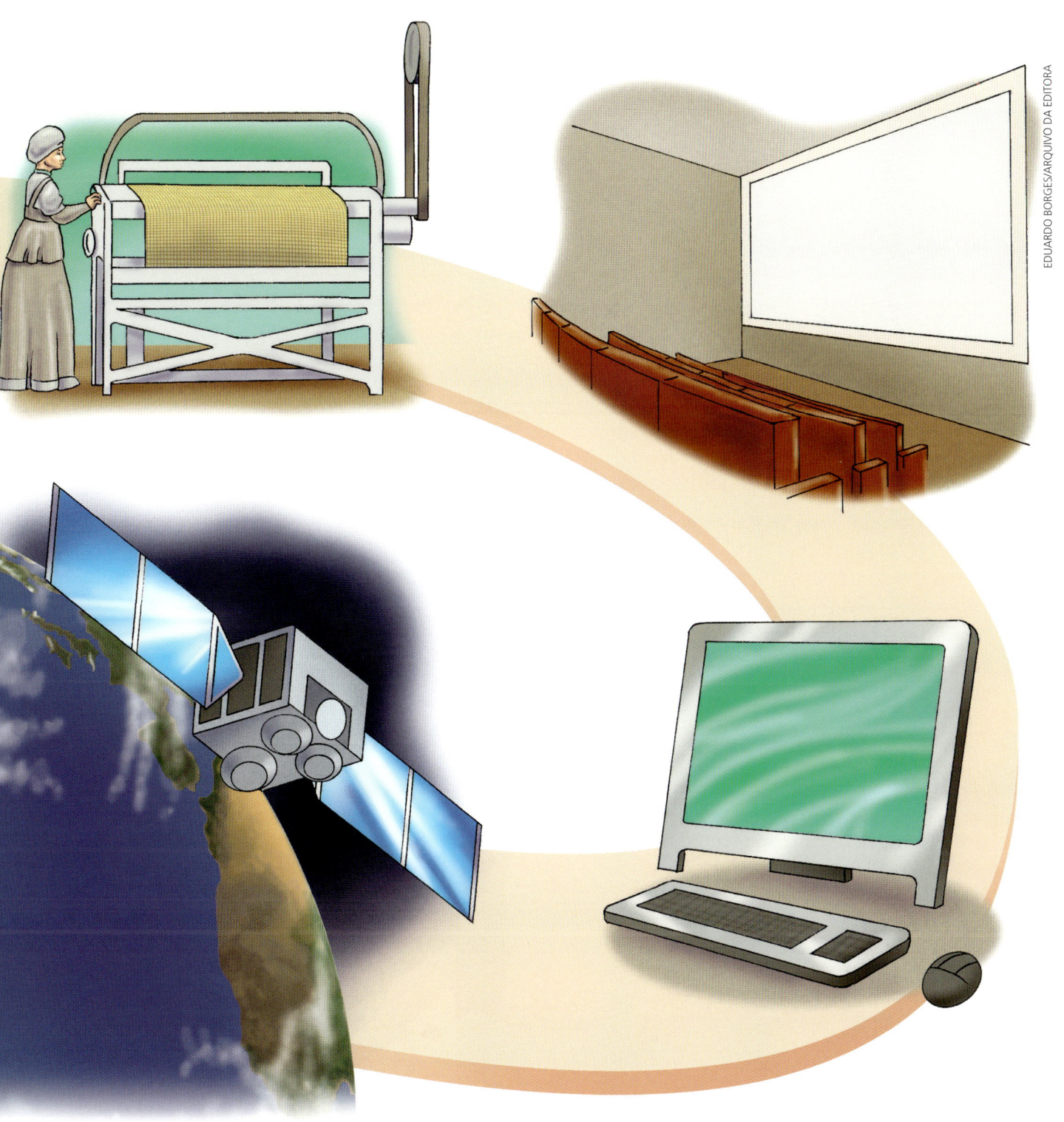

Agora faz sentido quando alguém nos diz para mantermos a "cabeça fria", não é mesmo? Nesse caso, é tentar ficar calmo durante situações difíceis, ou seja, raciocinar para resolver problemas é uma demonstração de nossa evolução.

Pelo fato de conseguirmos manter a "cabeça fria" e pensar é que nós, seres humanos, que nascemos na África, povoamos todos os continentes do planeta.

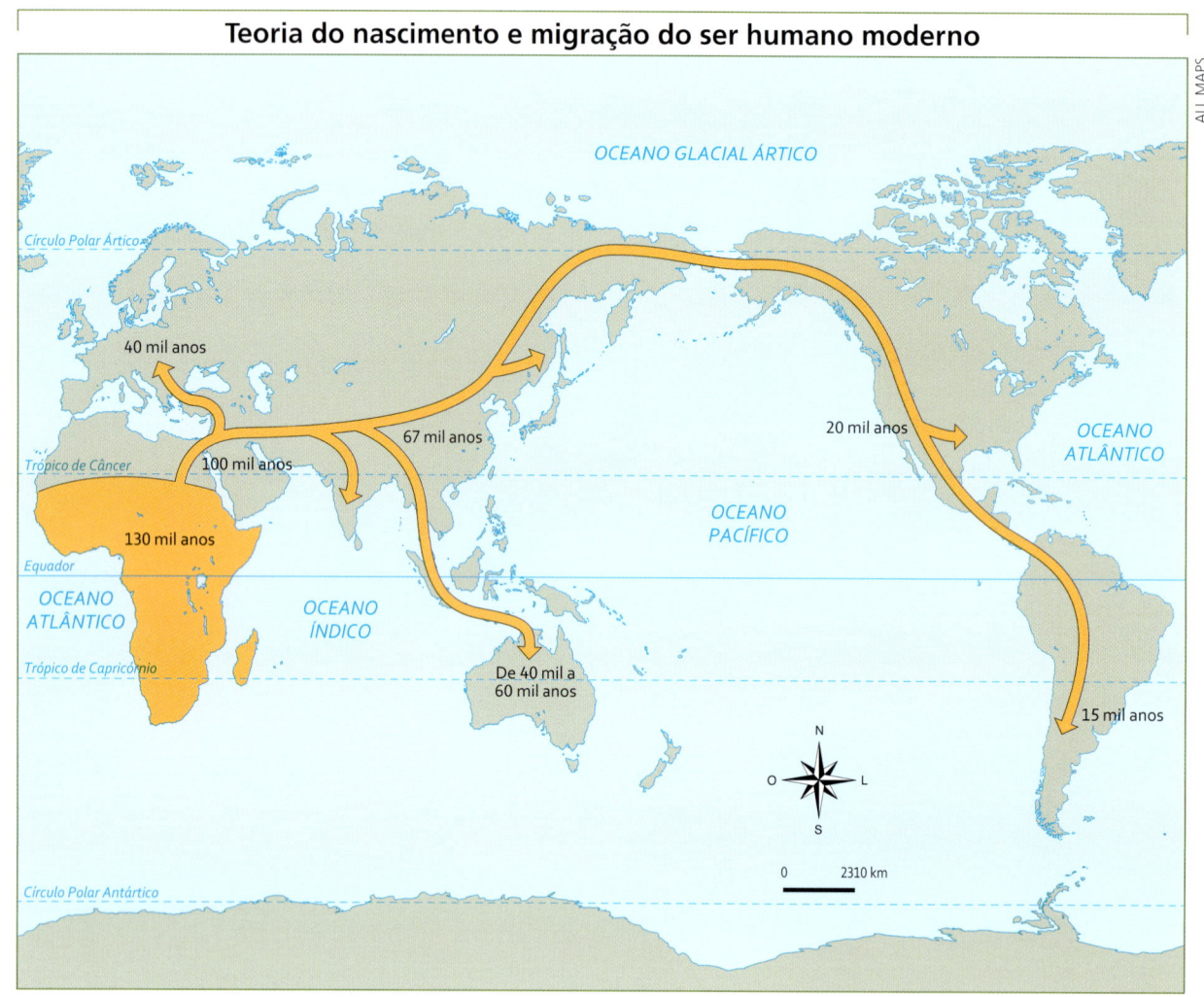

Fonte: Homem moderno nasceu na África. Revista *Ciência Hoje on-line*. 5 jan. 2001. atual. Disponível em: <http://cienciahoje.uol.com.br/especiais/genetica-e-arqueologia-de-maos-dadas/homem-moderno-nasceu-na-africa>. Acesso em: 25 ago. 2014.

Muitas Áfricas, muitas culturas

Pirâmides, casas e aldeias circulares, igrejas esculpidas nas montanhas de pedra, cidades inteiras construídas de pedra... Os africanos, ao longo de milênios, deixaram exemplos de sua engenhosidade. Diferentes povos criaram culturas originais, formas próprias de adaptação ao ambiente e de compreensão e expressão da realidade. A seguir, conheça um pouco mais sobre esses povos e suas culturas.

◆ O povo Zulu vive no sul da África, nos territórios da África do Sul, Lesoto, Suazilândia, Zimbábue e Moçambique. No passado, os zulus formavam uma nação guerreira, que resistiu à invasão imperialista britânica ocorrida no século XIX. Os zulus são muito ligados às tradições de seu povo e se destacam pela riqueza de seu artesanato, com muitas cores e artefatos variados. Eles vivem em aldeias denominadas *umuzis*, que são formadas por muitas "casas" (conhecidas como *imizis*, foto à esquerda), as quais são dispostas de forma circular em um terreno e construídas coletivamente.

LATINSTOCK/REUTERS

Construída no século XII, a Igreja de São Jorge, localizada na cidade de Lalibela, na Etiópia, foi escavada na rocha. Ela parece uma escultura nascida de um único bloco de pedra. Lalibela, Etiópia, 2010.

Século: período de 100 anos.

WIKIMEDIA COMMONS/KEITH SCHENGILI-ROBERTS

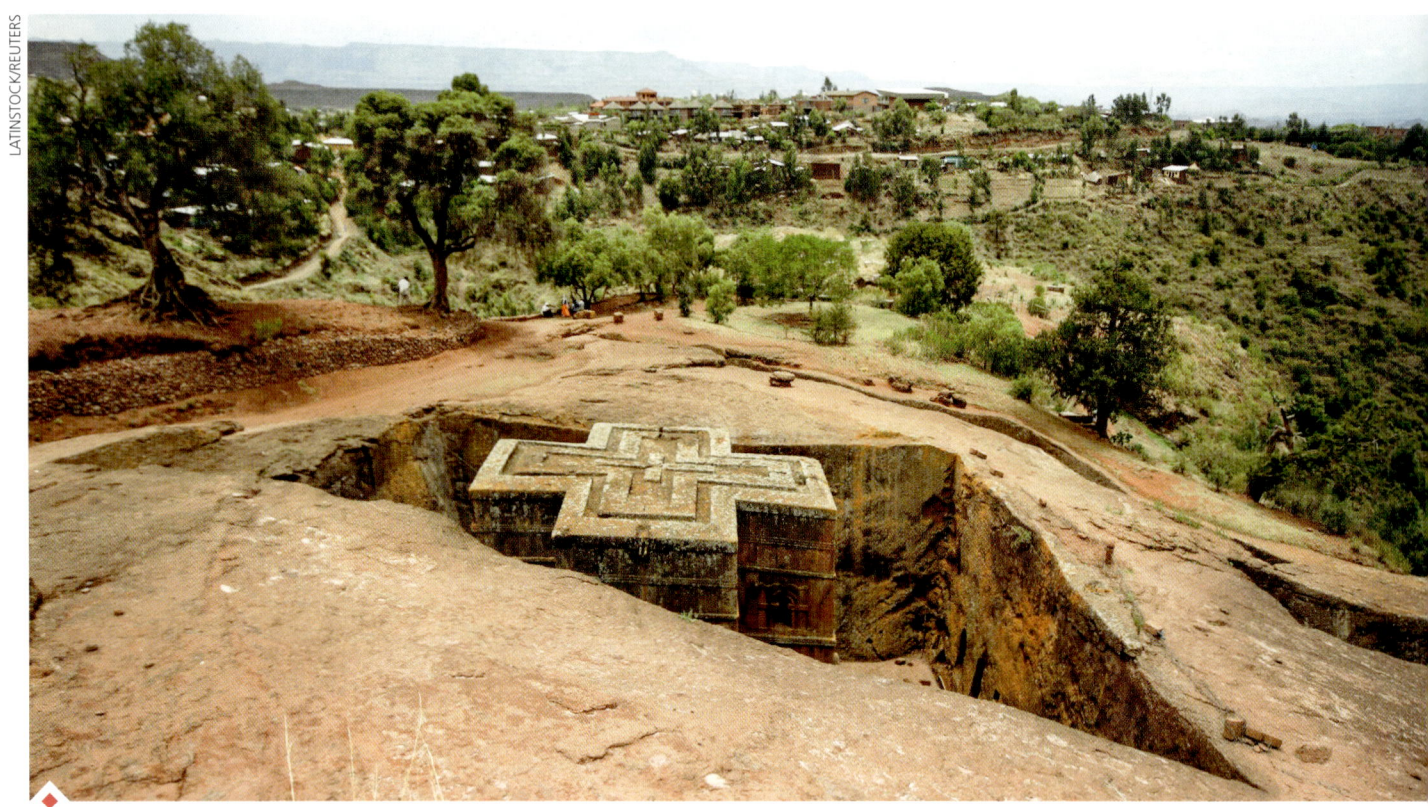

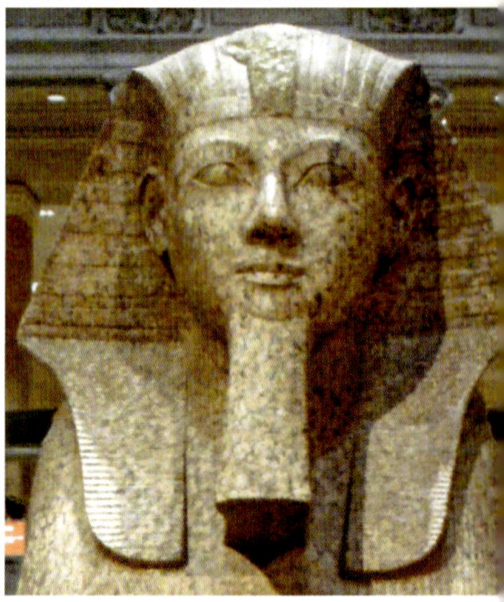

Hatshepsut, cujo reinado ocorreu há cerca de 3500 anos (século XV a.C.), foi a única rainha a comandar o Egito como um faraó. Geralmente, ela aparece representada com uma barba postiça característica dos faraós egípcios (imagem ao lado). Abaixo, templo funerário da rainha Hatshepsut, em Deir el-Bahari. Luxor, Egito, 2010.

WIKIMEDIA COMMONS/OLAF TAUSCH

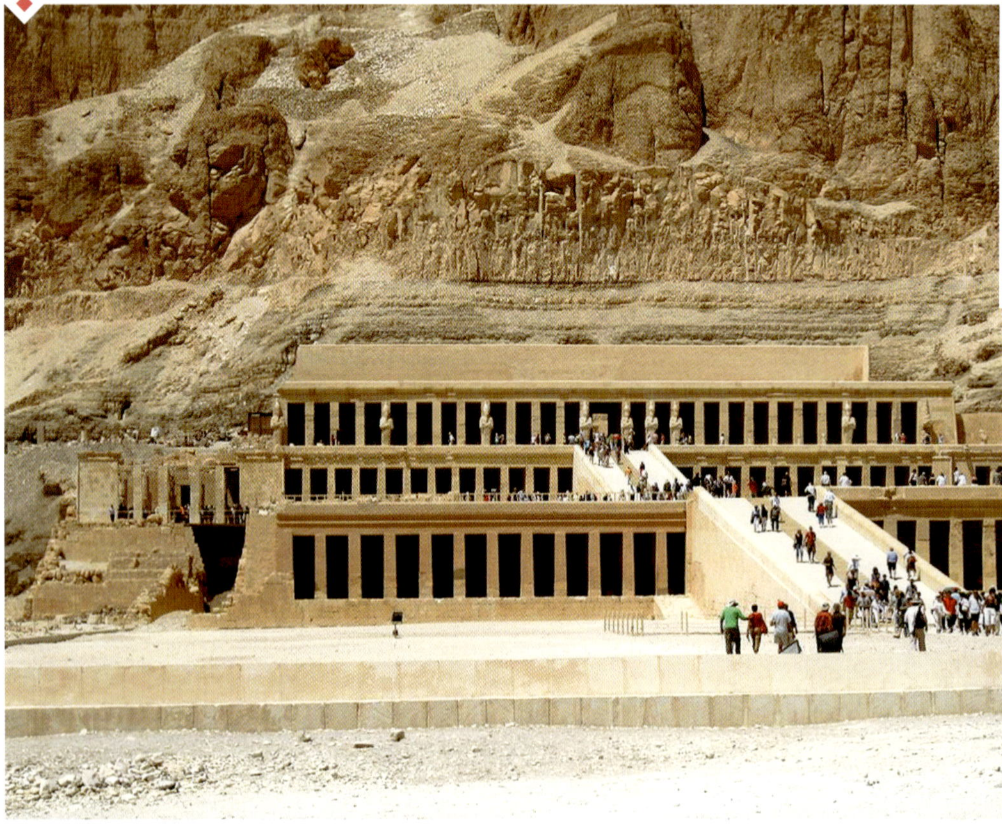

◆ As famosas Pirâmides de Gizé compõem um sítio arqueológico localizado no Planalto de Gizé. Cairo, Egito, 2012.

◆ *Zimbábue* quer dizer "casa de pedra". Essas ruínas antigas deram nome ao atual Zimbábue, país localizado no sudeste do continente africano. O Grande Zimbábue foi sede política e religiosa do Império Monomotapa entre os séculos XII e XIII. Os povos africanos desse império dominavam uma sofisticada técnica de construção em pedra. Nas escavações dessas construções, os pesquisadores encontraram objetos de ouro, cobre, bronze, alguns de origem chinesa e indiana, evidências de intercâmbio entre o Império Monomotapa e os povos asiáticos. Província de Masvingo, Zimbábue, 2010.

Império: poder hegemônico exercido sobre certa área de influência, geralmente um território geográfico extenso, não necessariamente contíguo, abrigando um conjunto de nações e povos etnicamente e/ou culturalmente diversos.

Intercâmbio: trocas comerciais, culturais.

A África é também um continente de muitas culturas.

Do continente africano vieram para o Brasil dois grandes grupos linguísticos: os bantos e os sudaneses.

> No continente africano existem inúmeras línguas. Elas estão organizadas em troncos ou grupos linguísticos. Esses troncos são como os troncos de árvores cheias de galhos. Só que os "galhos" de troncos linguísticos deram origem a muitas famílias de idiomas.

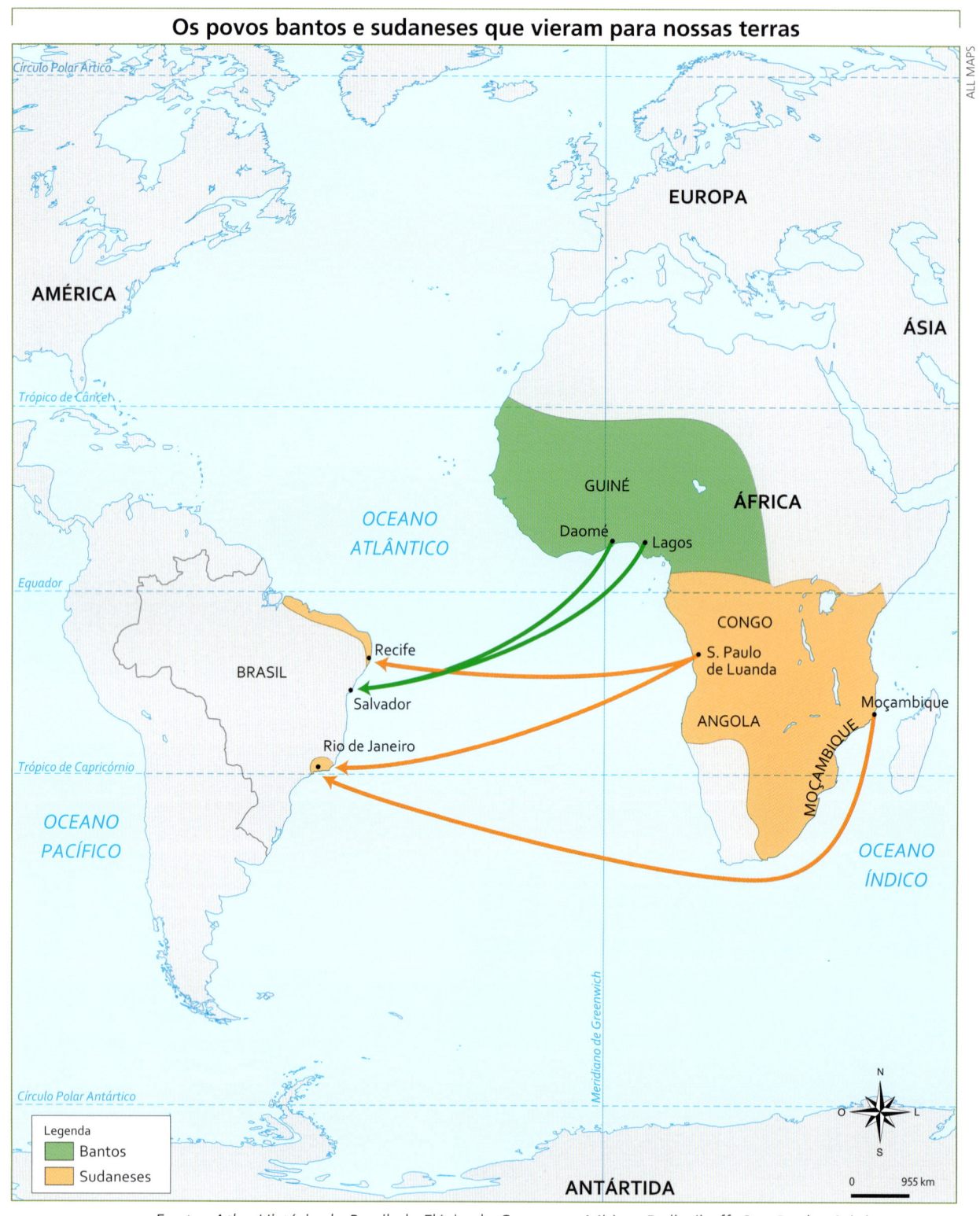

Os povos bantos e sudaneses que vieram para nossas terras

Fonte: *Atlas História do Brasil*, de Flávio de Campos e Miriam Dolhnikoff. São Paulo: Scipione, 2000.

Muitas Áfricas, muitas culturas

Para ter uma ideia da diversidade de línguas dos povos do continente africano, basta dizer que só entre os povos bantos existem pelo menos 300 línguas.

África: um continente de muitos povos

Legenda
- Grupos de povos sudaneses
- Grupos de povos bantos
- Grupos de outros povos

1 Axanti	10 Benin	19 Hulu	28 Mossi
2 Azarde	11 Bejagó	20 Ifé	29 Niabwa
3 Baça	12 Boto	21 Iorubá	30 Pobé
4 Bacota	13 Dan	22 Congo	31 Sonta
5 Bambala	14 Dogon	23 Kuba	32 Songye
6 Bambara	15 Feng	24 Luba	33 Teke
7 Banleque	16 Fon	25 Maconda	34 Tuareg
8 Bandaka	17 Fula	26 Mangberu	35 Tútsi
9 Baule	18 Guro	27 Marka	36 Xambá

Fonte: *Geoatlas*, de M. E. Simielli. São Paulo: Ática, 2012; *Atlas História do Brasil*, de Flávio de Campos e Míriam Dolhnikoff. São Paulo: Scipione, 2000.

Bantos da África do Sul.

Tambor de fenda e batedores, artefato sudanês.

Ainda hoje, no continente africano, podemos encontrar vários povos convivendo dentro dos limites de um mesmo país. Em Moçambique, por exemplo, um país do leste do continente banhado pelo Oceano Índico, convivem os macondes, macuas, xonas, tsongas, suaílis, entre outros. Cada um desses povos fala uma língua diferente.

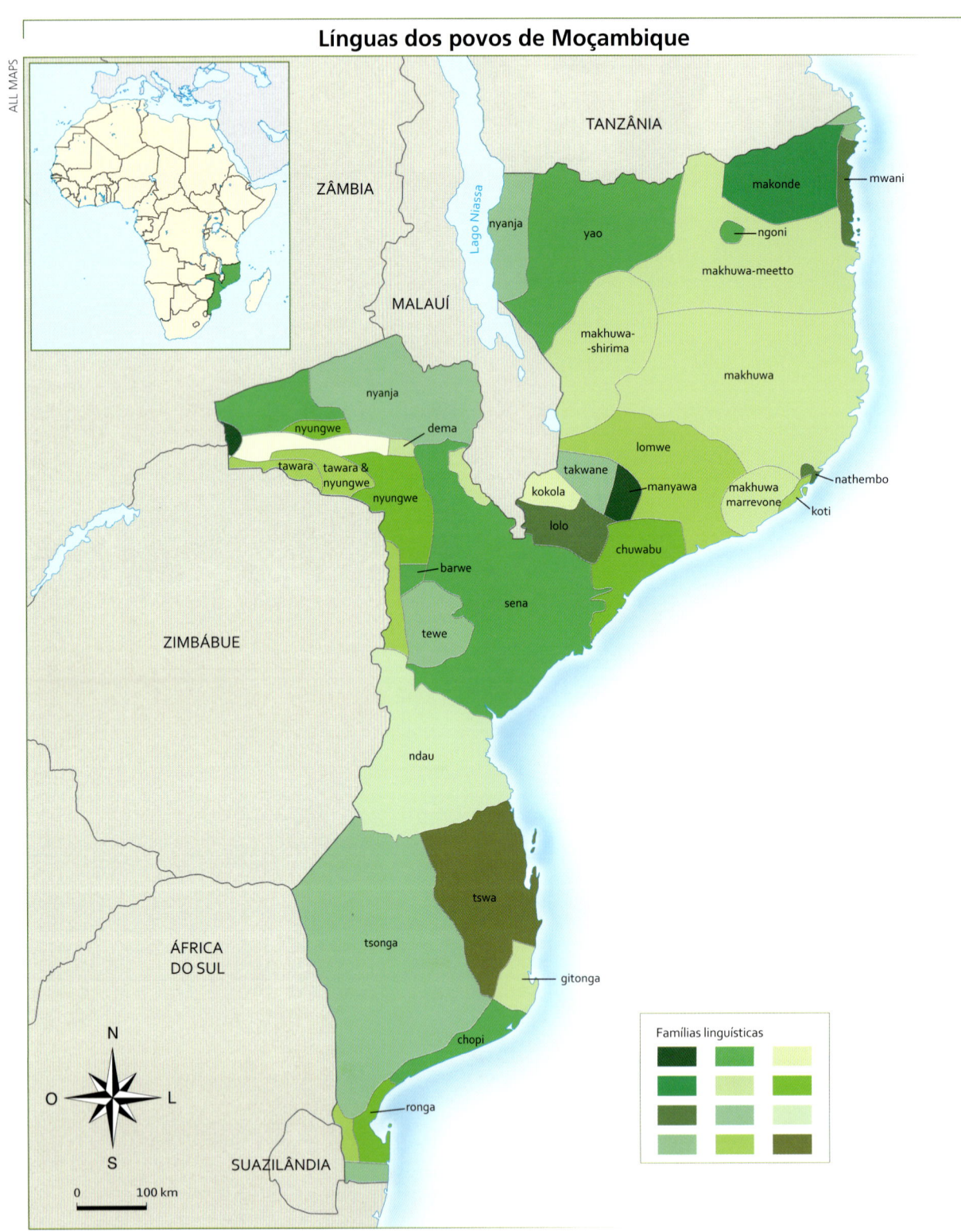

Fonte: Muturzikin – Mapas linguísticos. Disponível em: <http://www.muturzikin.com/cartesafrique/19.htm>. Acesso em: 25 ago. 2014.

◆ Crianças do povo Macua na Ilha de Moçambique, Moçambique, 2009.

A jovem Ana é cabeleireira na Ilha de ◆
Moçambique. Ela pertence ao povo Maconde.
Ilha de Moçambique, Moçambique, 2009.

◆ *Orrera* na língua Macua significa "bela, bonita". Esse é um termo muito apropriado para a Ilha de Moçambique. Essa pequena ilha moçambicana, localizada ao norte do país, tem cerca de 3 quilômetros de comprimento e 500 metros de largura e nela convivem diferentes povos africanos. Ilha de Moçambique, Moçambique, 2009.

Como você pode constatar, não apenas o continente africano tem grande diversidade entre seus países, mas também um mesmo país abriga diferentes povos e culturas.

Algumas personalidades africanas

a **Libéria**: Ellen Johnson Sirleaf (1938-), presidente da Libéria e vencedora do Prêmio Nobel da Paz em 2011.

b **Costa do Marfim**: Didier Drogba (1978-), jogador de futebol.

c **Nigéria**: Wole Soyinka (1934-), Prêmio Nobel de Literatura em 1986.

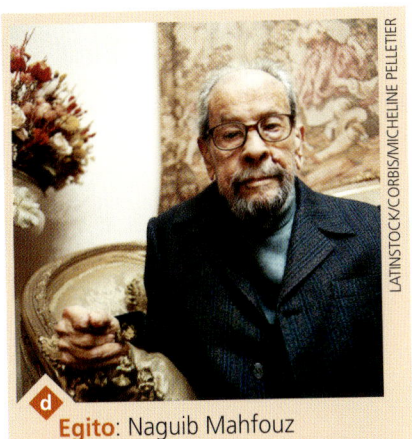

LATINSTOCK/CORBIS/MICHELINE PELLETIER

d **Egito**: Naguib Mahfouz (1911-2006), Prêmio Nobel de Literatura em 1988.

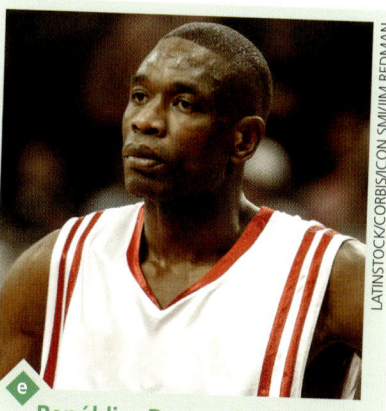

LATINSTOCK/CORBIS/ICON SMI/JIM REDMAN

e **República Democrática do Congo**: Dikembe Mutombo (1966-), jogador de basquete.

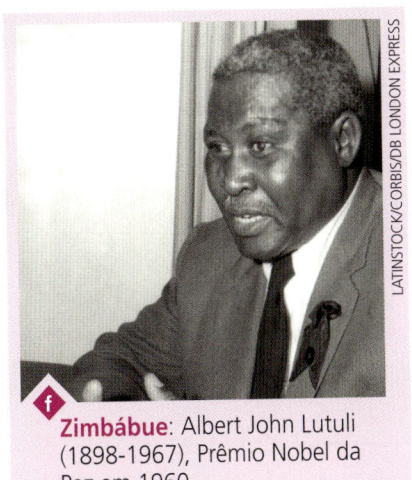

LATINSTOCK/CORBIS/DB LONDON EXPRESS

f **Zimbábue**: Albert John Lutuli (1898-1967), Prêmio Nobel da Paz em 1960.

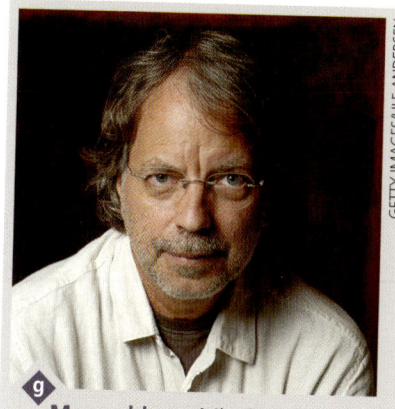

GETTY IMAGES/ULF ANDERSEN

g **Moçambique**: Mia Couto (1955-), escritor.

WIKIMEDIA COMMONS

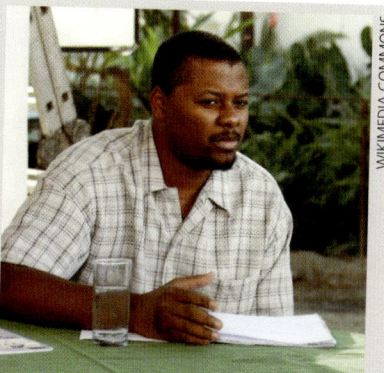

Moçambique: Azagaia (1984-), cantor de *hip hop*.

WIKIMEDIA COMMONS/OTÁVIO DE SOUZA

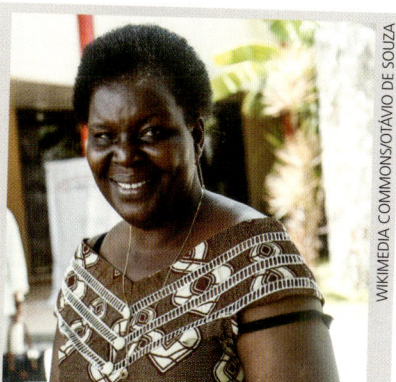

Moçambique: Paulina Chiziane (1955-), escritora.

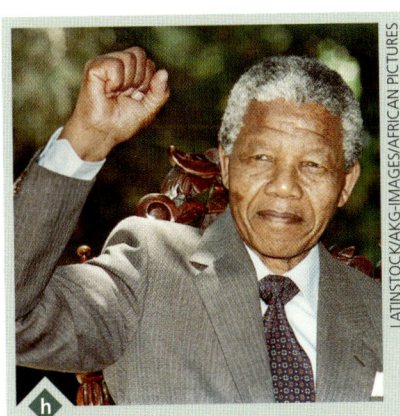

LATINSTOCK/AKG-IMAGES/AFRICAN PICTURES

h **África do Sul**: Nelson Mandela (1918-2013), ex-presidente e Prêmio Nobel da Paz em 1993.

LATINSTOCK/CORBIS/BETTMANN

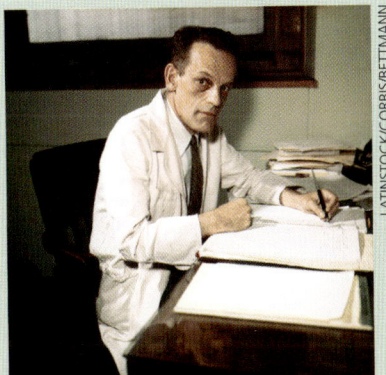

África do Sul: Max Theiler (1899--1972), Prêmio Nobel de Medicina (descobriu a vacina contra a febre amarela) em 1951.

LATINSTOCK/CORBIS/KURT KRIEGER

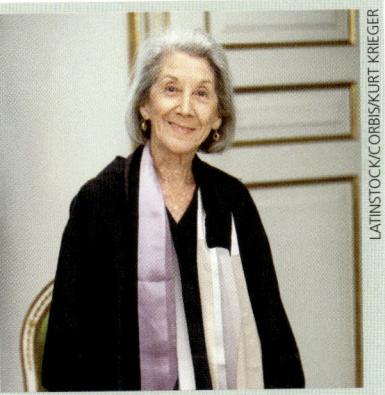

África do Sul: Nadine Gordimer (1923-2014), Prêmio Nobel de Literatura em 1991.

Você percebeu como são diversos os traços das personalidades africanas destacadas no mapa?

Ao longo de sua história **milenar**, o continente africano **agregou**, aos seus povos **originários**, outros povos, como os árabes, indianos, europeus e chineses.

Assim também ocorreu no Brasil.

Agregar: juntar, unir; no caso, refere-se a povos que vieram de outros continentes e se juntaram aos povos originários da África.

Milenar: significa um período que tem um milênio ou mais, ou seja, um período de mil anos ou mais.

Originário: natural, nativo do local de que se fala.

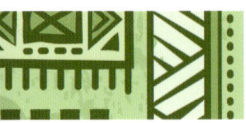

África atual: um continente planetário

Muitos povos, muitas culturas, uma diversidade que podemos ver também nas edificações com presença europeia, árabe, indiana e chinesa, tanto na atualidade como num passado muito longínquo.

A diversidade da África

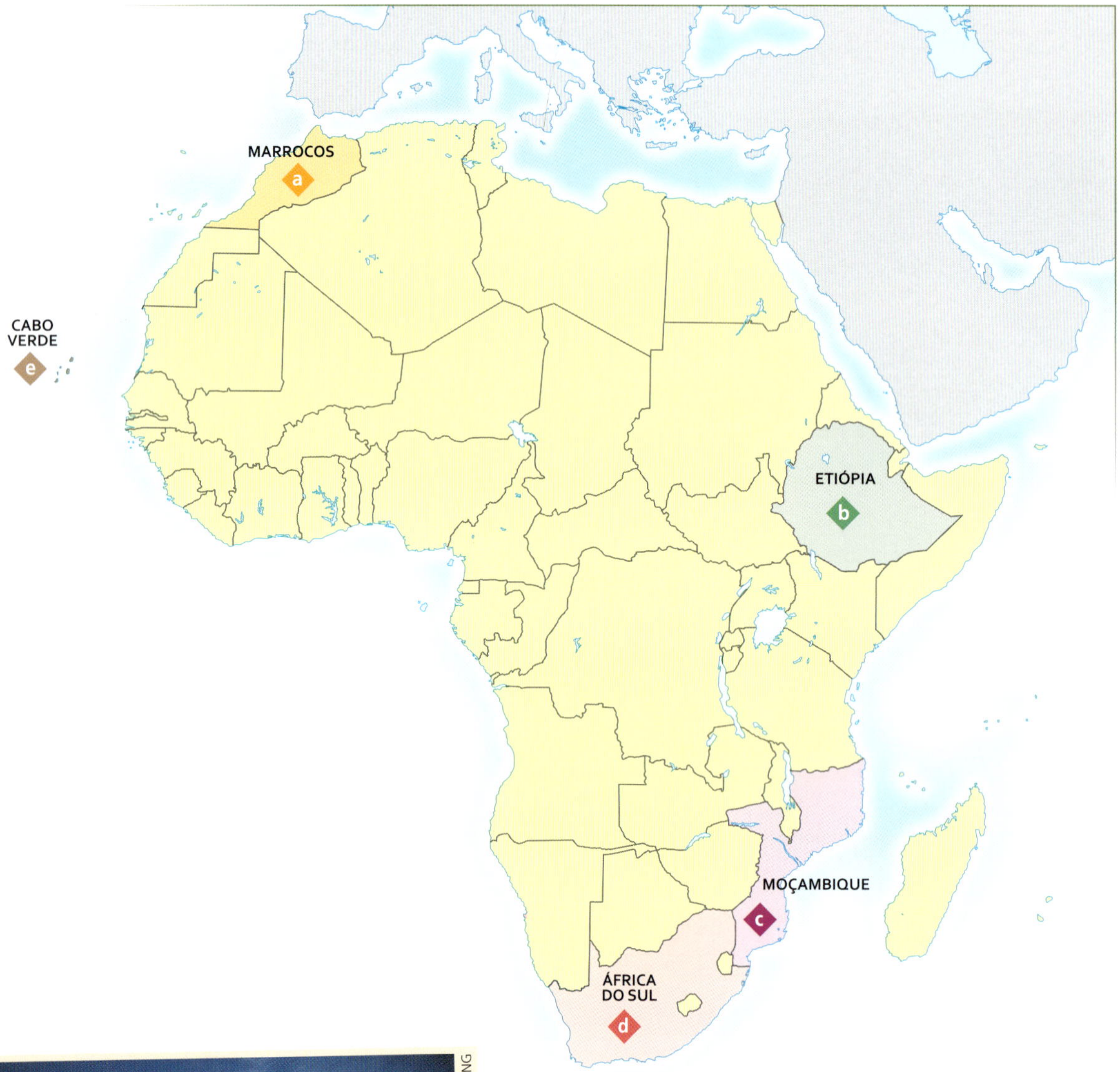
MARROCOS
a
CABO VERDE
e
ETIÓPIA
b
MOÇAMBIQUE
c
ÁFRICA DO SUL
d

FONTE: ATLAS GEOGRÁFICO ESCOLAR. RIO DE JANEIRO: IBGE, 2012/ALL MAPS

GRUPO KEYSTONE/IAN CUMMING

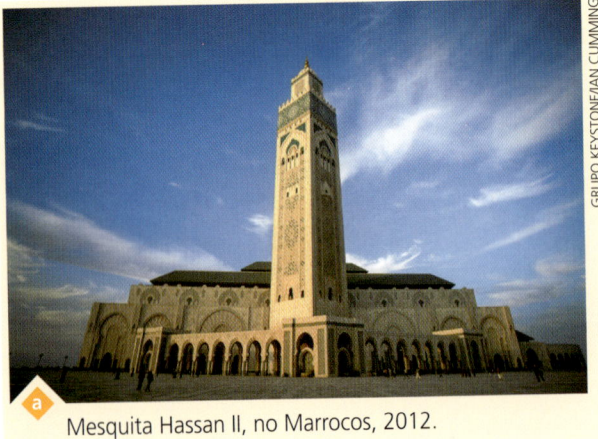

a Mesquita Hassan II, no Marrocos, 2012.

LATINSTOCK/SYBIL SASSOON/ROBERT HARDING

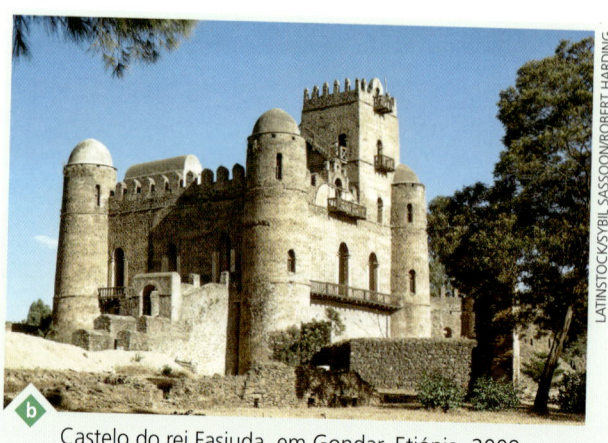

b Castelo do rei Fasiuda, em Gondar, Etiópia, 2009.

c. Construída em 1800, a Igreja Nossa Senhora do Livramento é um exemplo da presença europeia na cidade de Quelimane, em Moçambique, 2009.

d. Loja e restaurante indianos na África do Sul, 2010.

e. Em Cabo Verde, um arquipélago sem rios, é preciso dessalinizar a água do mar e captar água das chuvas para consumo. A foto superior mostra uma represa construída por chineses, e a foto inferior destaca o pagode, construção típica chinesa. Ilha de Santiago, Cabo Verde, 2010.

> **Dessalinizar:** no caso, é a ação de retirar o sal presente na água do mar para obter água potável.

Os povos gregos e romanos da Antiguidade estabeleceram contato com o continente africano, especialmente com o norte da África. O historiador grego Heródoto, há cerca de 2500 anos, ao visitar o Egito e ver as pirâmides e a engenhosidade dos egípcios para irrigar seus campos com as águas do Rio Nilo, escreveu: "O Egito é uma dádiva do Nilo".

◆ Rio Nilo, Egito, 2013.

34 Muitas Áfricas, muitas culturas

Os árabes ocuparam o norte do continente africano por volta do século VIII. Eles praticavam o islamismo, uma religião cujo deus é Alá. Os muçulmanos, praticantes do islamismo, construíram **mesquitas** nessa região para cultuar Alá.

Islamismo

Islã significa "submissão a Deus, obediência incondicional a Deus".

O islamismo é uma religião fundada pelo profeta árabe Maomé (580-632 d.C.), que escreveu a doutrina da fé muçulmana no livro sagrado chamado Corão.

◆ Os muçulmanos têm cinco principais deveres: crer em um só Deus e em Maomé como seu profeta (profissão de fé); orar cinco vezes ao dia; jejuar no mês sagrado do Ramadã para desenvolver a paciência e a reflexão; pagar o imposto religioso anual (contribuição de purificação), que é usado para ajudar os mais necessitados; peregrinar à cidade de Meca, Arábia Saudita, pelo menos uma vez na vida (desde que possua boas condições de saúde e recursos financeiros). Na foto, mesquita de Alabastro, Cairo, Egito, 2013.

Jejuar: abster-se de algo (comida, bebida, etc.).

Mesquita: templo religioso dos muçulmanos.

Peregrinar: ir em romaria a lugares sagrados ou de devoção.

Ramadã: é o nono mês do calendário islâmico, o único citado no Corão. Durante o Ramadã, os muçulmanos praticam o seu jejum ritual, renovam sua fé, praticam mais intensamente a caridade e vivenciam mais profundamente a fraternidade e os valores familiares. Desse modo, estreitam os laços com os valores sagrados, aumentando a frequência à mesquita e a leitura do Corão.

A partir do século XIV, o contato com povos provenientes do continente europeu se intensificou, pois o Mar Mediterrâneo deixou de ser a única rota para as grandes navegações.

Os navegadores portugueses, partindo do norte da África, foram contornando todo o litoral atlântico até chegar ao Oceano Índico.

Ao longo de toda a costa litorânea do continente africano, os portugueses criaram fortes e **feitorias**, que depois viraram cidades sob administração europeia. Os portugueses chegaram ao arquipélago de Cabo Verde em 1460. Por ser um arquipélago **inóspito**, pois não tem rios, as ilhas não foram ocupadas imediatamente. Ao longo da colonização portuguesa no território que hoje é o Brasil, Cabo Verde foi transformado num entreposto de comércio de escravos.

Na foto, Castelo São Jorge da Mina, na cidade de Elmina, em Gana, na costa atlântica do continente africano. Nesse forte, os africanos capturados no interior do continente aguardavam até serem encaminhados para a América, obrigados a trabalhar como cativos. São Jorge da Mina é a mais antiga fortificação portuguesa ao sul do deserto do Saara e foi declarado Patrimônio Mundial pela Unesco. Elmina, Gana, 2012.

Posteriormente, ingleses, franceses e holandeses seguiram a rota do litoral atlântico para disputar o lucrativo comércio de pessoas escravizadas.

Os europeus tinham interesse no tráfico de africanos para trabalhar como **cativos**, primeiramente nas cidades europeias e, depois, nas *plantations* americanas.

Plantation

Plantation é um termo originário da língua inglesa e serve para nomear as grandes plantações de produtos tropicais no continente americano cultivados para exportação. Os trabalhadores das *plantations* eram africanos escravizados.

Na América portuguesa, hoje Brasil, tivemos *plantations* de cana-de-açúcar em estados que hoje formam a Região Nordeste do país, como Pernambuco.

Cativo: pessoa escravizada, capturada e comercializada para trabalhar como escravo.

Feitorias: fortes ou fortalezas, eram construções fortificadas instaladas ao longo do litoral. Construídas pelos portugueses, serviam de entrepostos comerciais dos produtos locais e para a Europa, a fim de proteger os territórios conquistados e prover as embarcações que passavam pela rota marítima. Elas eram a base da ocupação colonial dos europeus, permitindo aos portugueses o controle do comércio no Atlântico e Índico e a formação de um vasto império.

Inóspito: árido, seco; que não é acolhedor.

Bem antes da chegada dos portugueses, os povos dos territórios africanos da costa índica trocavam mercadorias com os árabes e os asiáticos. Durante o Imperialismo, ao longo do século XIX e até a primeira metade do século XX, por exemplo, período no qual os ingleses e os descendentes de holandeses dominavam o território da atual África do Sul e a Índia encontrava-se sob domínio inglês, a migração indiana para a África do Sul tornou Durban a maior cidade indiana do mundo fora da Índia.

Mahatma Gandhi (1869-1948) nasceu na Índia, estudou na Inglaterra e viveu na cidade portuária de Durban e outras cidades da África do Sul. Foi um dos líderes do movimento conhecido como Satyagraha, um movimento de resistência pacífica ao domínio inglês que propunha aos indianos a desobediência civil, expressa no não pagamento de impostos aos ingleses e na não aceitação às leis impostas por eles. Gandhi foi o principal líder da independência da Índia e inspirou líderes africanos, como o ex-presidente da África do Sul Nelson Mandela.

◆ Escola indiana em Durban, África do Sul, 2010.

◆ Bairro indiano em Durban, África do Sul, 2012.

Hoje, o continente africano atrai também os chineses. A China fez acordos comerciais com governantes africanos em que as empresas chinesas enviaram à África numerosos grupos de engenheiros, técnicos e outros trabalhadores chineses para a construção de grandes obras, como ferrovias, edifícios, *shoppings*, prédios governamentais, represas, refinarias, oleodutos, etc.

◆ Estádio d'Angondjé, localizado no subúrbio de Libreville, Gabão, 2012.

◆ Porto na Ilha de São Vicente, Mindelo, Cabo Verde, 2012.

◆ Rio Zambeze e vista da nova ponte, Caia, Moçambique, 2012.

Muitas Áfricas, muitas culturas

Os chineses também migraram para o continente africano com o objetivo de trabalhar em atividades comerciais. Atualmente, em vários países africanos é possível perceber a presença da comunidade chinesa, sobretudo em suas pequenas lojas especializadas em produtos da China.

◆ O comerciante Xu Shuai, 22 anos, migrou para Mindelo (foto abaixo), capital da Ilha de São Vicente, em Cabo Verde. Foto de 2010.

De lá pra cá, de cá pra lá

Em 2009, ao viajarmos para o continente africano, nossa primeira parada foi na Ilha de Moçambique, em Moçambique. Lá encontramos a tetraneta do poeta Tomás Antônio Gonzaga, um dos revoltosos que participaram da Conjuração Mineira.

Dona Flora vive na Ilha de Moçambique e conhece bastante a história do seu país e a do Brasil. Ela pesquisa incansavelmente a história de Tomás Antônio Gonzaga, seu tetravô. Foto de 2009.

Tomás Antônio Gonzaga (1744-1810) nasceu em Portugal, mas chegou a Minas Gerais com um ano de idade. Ele foi um dos revoltosos no movimento que lutava contra a Coroa portuguesa, ocorrido em 1789, que ficou conhecido como **Conjuração Mineira**. Como pena por se rebelar contra o rei, o poeta e jurista Tomás Antônio Gonzaga foi condenado ao exílio e mandado para a Ilha de Moçambique, e de lá nunca mais pôde sair.

A história de dona Flora mostra como a história do nosso país está interligada à de muitos países africanos.

A Ilha de Moçambique é uma "esquina do mundo". Lá, as culturas africanas, árabe, indiana e europeia se encontraram e criaram novas culturas.

Exílio: expatriação; processo que culmina na expulsão do indivíduo de seu país como pena ou castigo; lugar para onde se retira o exilado.

Mesquita (Masjid Taqwa) na cidade de Maputo, Moçambique, 2011.

Muitas Áfricas, muitas culturas

Construções portuguesas na cidade de pedra. Ilha de Moçambique, Moçambique, 2009.

Monumento em homenagem a Camões (c.1524--1580), poeta português cuja obra é reconhecida como referência para o português moderno. Camões viveu na Ilha de 1568 a 1560. Moçambique, 2009.

Dia de feira livre em área onde vive o povo Macua, de grande expressão na Ilha. Ilha de Moçambique, Moçambique, 2009.

A Ilha de Moçambique foi um importante porto na rota das grandes navegações quando espanhóis e portugueses, em busca de comercializar com reinos asiáticos, contornaram todo o continente africano e chegaram ao continente americano.

A partir do século XVI, com a chegada dos portugueses ao território brasileiro e sob o domínio da Coroa portuguesa, nossa história e a da África passaram a se relacionar e se aproximar. Do continente africano vieram milhões de pessoas escravizadas para trabalhar e, com elas, o Brasil se "africanizou".

Nossa cultura, música, língua, modo de ser e estar no mundo têm contribuições portuguesas, indígenas e africanas. Assim, quanto mais conhecemos o continente africano, mais conseguimos perceber quanto somos resultado desse encontro, nem sempre pacífico, de culturas de vários continentes. Vale ressaltar que, além de portugueses, africanos e indígenas, a sociedade brasileira também é resultado da mistura de vários povos imigrantes, como italianos, japoneses, alemães, espanhóis, entre outros.

O terrível comércio de gente

Desde 1500, quando nosso território passou a ser uma colônia de Portugal, o Brasil recebeu cerca de 4 milhões de africanos. Eles eram de diferentes **etnias** e trabalhavam em todas as atividades produtivas: nos campos, nas minas de ouro e de pedras preciosas, nas vilas e cidades, nas casas-grandes, nos portos, etc. Durante quase 400 anos, a mão de obra em nosso território foi majoritariamente de africanos escravizados e seus descendentes.

> **Etnia:** o mesmo que povo; cada etnia fala uma língua e tem costumes próprios, diferentes dos costumes de outras etnias ou povos.

◆ Cena típica do século XIX que retrata a lavagem de minério de ouro feita por escravizados.

A presença de cativos de origem africana nas cidades coloniais era grande. Na cena, negros escravizados da administração pública trabalhando no calçamento de ruas e calçadas. ◆

42 | Muitas Áfricas, muitas culturas

A imensa maioria desses africanos não veio à colônia por vontade própria. Eles foram capturados e enviados ao continente americano para serem vendidos como escravos.

Leia um trecho, ao lado, do relato escrito por um africano escravizado chamado Mahommah Baquaqua. Ele nasceu em Djougou, cidade do atual Benin, e viveu como escravizado no Brasil no início do século XIX.

> Quando estávamos prontos para embarcar, fomos acorrentados uns aos outros e amarrados com cordas pelo pescoço e assim arrastados para a beira-mar. O navio estava a alguma distância da praia. Nunca havia visto um navio antes e pensei que fosse algum objeto de adoração do homem branco. Imaginei que seríamos todos massacrados e que estávamos sendo conduzidos para lá com essa intenção. Temia por minha segurança e o desânimo tomou conta de mim.

Trecho de memórias de Mahommah G. Baquaqua, publicadas em 1854. In: *Revista Brasileira de História*, São Paulo, v. 8, n.16, 1989, p. 271. Disponível em: <http://www.anpuh.org/arquivo/download?ID_ARQUIVO=3686>. Acesso em: 26 ago. 2014.

Depois de capturados, os escravizados eram transportados nos porões de navios negreiros. Era uma viagem longa e penosa, e muitos deles morriam antes de chegar ao porto de desembarque.

A escravidão em nosso território durou quase 400 anos! Mesmo quando nos tornamos um país independente, em 1822, a escravidão permaneceu por quase mais um século e só foi abolida em 1888. Assim, podemos afirmar que a escravidão é a **instituição** mais duradoura de nossa história desde a chegada dos portugueses às terras brasileiras.

> **Instituição:** estrutura da sociedade estabelecida por lei ou costume, como a instituição do casamento, da família, etc.

Na imagem, a Princesa Isabel é aclamada pela multidão na sacada do Paço Imperial após a assinatura da Lei Áurea, em 13 de maio de 1888.

Muitas Áfricas, muitas culturas

Da África para o Brasil

Os africanos escravizados, obrigados a trabalhar em nossas terras, não trouxeram apenas sua capacidade de trabalhar, produzir, plantar, colher, construir estradas, casas, edifícios públicos (igrejas, câmaras e cadeias). Eles também trouxeram seus conhecimentos ancestrais, seu jeito de ver e entender o mundo, suas línguas, músicas, religiões. Podemos perceber na cultura brasileira essa herança dos inúmeros povos africanos que chegaram ao Brasil.

Religiões ancestrais

Cada povo africano tinha um modo de cultuar seus ancestrais, seus parentes mortos. Do culto aos ancestrais nasceram as religiões africanas, que em território americano se tornaram religiões afro-brasileiras.

As religiões afro-brasileiras, como o candomblé e suas inúmeras variações, incorporaram as influências do catolicismo (religião dos portugueses colonizadores) e as das religiões indígenas (os primeiros povos que ocuparam o continente americano).

◆ Cartão-postal *Festa dos orixás*, de Aurilda Sanches, 2006.

◆ *Festa de Oxalufan*, representação em aquarela sobre papel, de Carybé, 1976.

◆ Em Salvador, capital da Bahia, no dique de Itororó, o artista Tatti Moreno esculpiu estátuas de grandes dimensões em homenagem aos deuses do candomblé, religião afro-brasileira criada pelos cativos africanos em nosso território, 2011.

O quiabo é uma planta nativa do continente africano e faz parte de uma série de pratos da culinária africana. Ele foi trazido para o nosso território pelos africanos escravizados. É considerado um alimento especial de alguns deuses da religião afro-brasileira, como Obá e Xangô.

Incorporado a outros ingredientes, o quiabo deu origem a pratos que são referência da cozinha brasileira, como o caruru, muito apreciado nas culinárias baiana e paraense.

Na imagem, vemos um pé de quiabo na casa onde morou o poeta português Luís de Camões. Ilha de Moçambique, Moçambique, 2009.

Caruru é um prato cuja base é o quiabo. Além dele, são usados os seguintes ingredientes: castanha de caju, amendoim torrado, camarão defumado, cebola, azeite de dendê, limão, sal, pimenta, gengibre e alho.

O Brasil e os países africanos, especialmente os de língua portuguesa, trocam hábitos culturais até os dias de hoje. Podemos constatar essa influência africana nos alimentos, no tempero de diferentes pratos, na música, no nosso jeito de falar e nas inúmeras palavras africanas incorporadas em nosso idioma. Por sua vez, podemos nos reconhecer também no jeito de ser e estar dos cabo-verdianos, guineenses, angolanos, moçambicanos, ganenses...

Muitas Áfricas, muitas culturas

JULIÃO, CARLOS. *A CALUNGA DOS MARACATUS*. FUNDAÇÃO BIBLIOTECA NACIONAL, RIO DE JANEIRO.

◆ Cortejo da Rainha em dia de Festa de Nossa Senhora do Rosário, em aquarela do século XVIII.

◆ A congada e o maracatu são exemplos de manifestações da cultura popular brasileira cujas raízes são africanas.

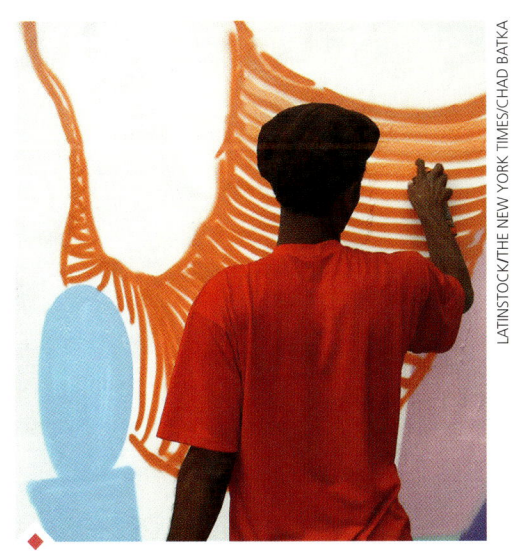

◆ O grafite e o *rap* são manifestações da cultura negra urbana de periferia que carregam em suas artes características dos povos africanos. O *rap*, por exemplo, utiliza a força da palavra cantada, uma característica das sociedades africanas, para narrar o cotidiano e os acontecimentos da realidade das áreas mais pobres das grandes cidades.

47

Quando falamos ou escrevemos, usamos muitas palavras originárias de línguas africanas: **berimbau, caçula, cafuné, camundongo, cochilar, carimbo, jiló, moleque, moqueca, quiabo, acarajé, angu** e muitas outras.

Leia com atenção o poema de Solano Trindade e tente encontrar palavras de origem africana.

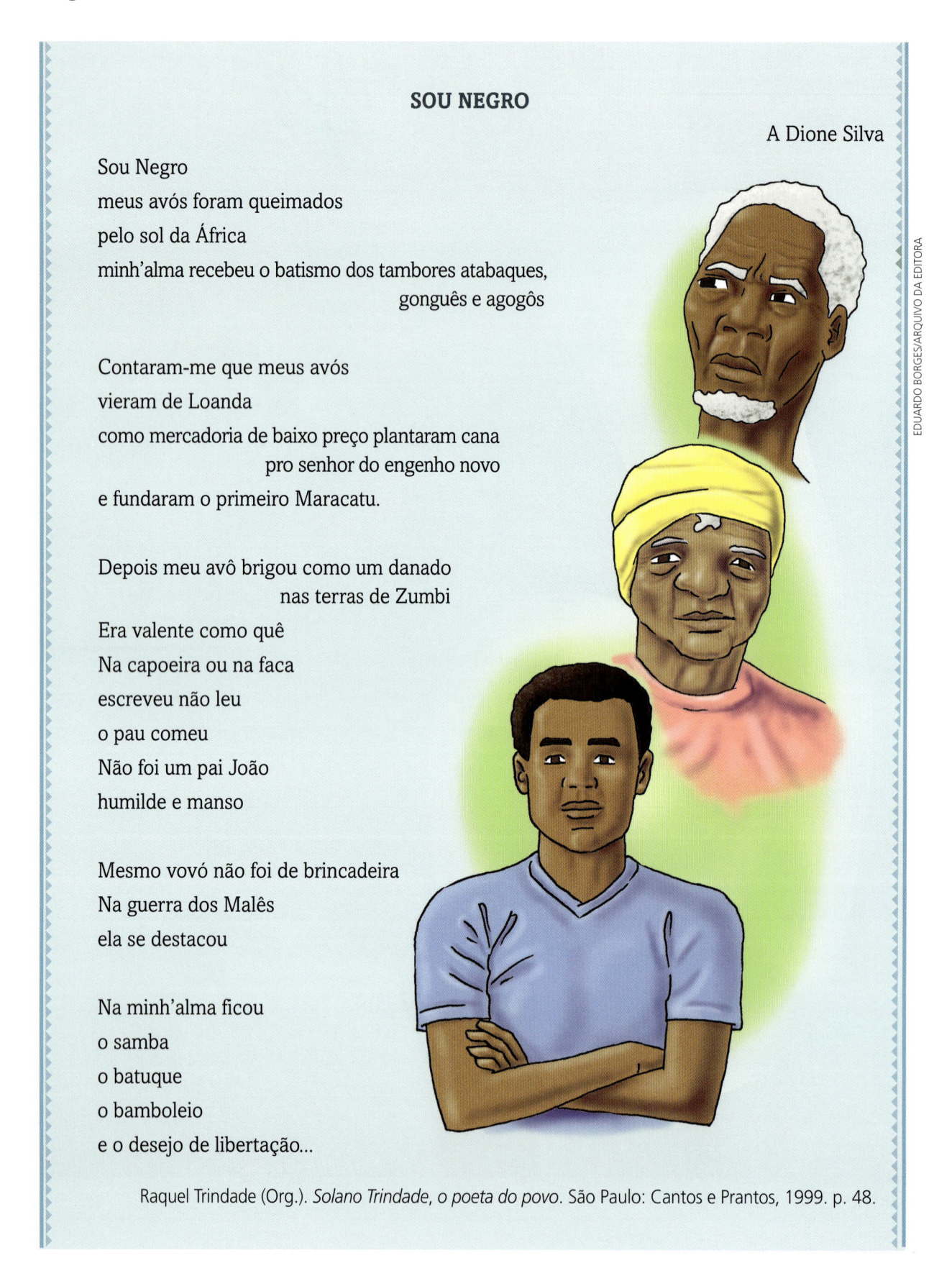

SOU NEGRO

A Dione Silva

Sou Negro
meus avós foram queimados
pelo sol da África
minh'alma recebeu o batismo dos tambores atabaques,
gonguês e agogôs

Contaram-me que meus avós
vieram de Loanda
como mercadoria de baixo preço plantaram cana
pro senhor do engenho novo
e fundaram o primeiro Maracatu.

Depois meu avô brigou como um danado
nas terras de Zumbi
Era valente como quê
Na capoeira ou na faca
escreveu não leu
o pau comeu
Não foi um pai João
humilde e manso

Mesmo vovó não foi de brincadeira
Na guerra dos Malês
ela se destacou

Na minh'alma ficou
o samba
o batuque
o bamboleio
e o desejo de libertação...

Raquel Trindade (Org.). *Solano Trindade, o poeta do povo*. São Paulo: Cantos e Prantos, 1999. p. 48.

Muitas Áfricas, muitas culturas

Brasileiros e angolanos têm uma profunda relação construída ao longo de séculos

No século XVII, padre Antônio Vieira (1608-1697) escreveu que o Brasil "vive e se sustenta" de Angola, "podendo-se com muita razão dizer que o Brasil tem o corpo na América e a alma na África".

Em função das correntes marítimas e dos ventos, navegar de Recife, Salvador ou Rio de Janeiro para Luanda, em Angola, era muito mais fácil e rápido do que sair dos portos do litoral e chegar à região norte do território que hoje corresponde ao nosso país. Por exemplo, a viagem de Recife, em Pernambuco, até Luanda durava 29 dias. De Salvador para Luanda, eram 35 dias de viagem. Para se ter uma ideia, as tropas do bandeirante Raposo Tavares saíram de São Paulo em 1648 e só chegaram a Belém em 1651!

Angola e Benin estão entre os dois reinos que primeiro reconheceram a independência do nosso país. Em 1822, vieram de Angola ao Brasil dois emissários que logo aderiram à causa da independência e aqui permaneceram: Eusébio de Queirós Coutinho Matoso Câmara, pai de Eusébio de Queirós, responsável pela aprovação da Lei de 1850, que extinguiu o tráfico de africanos escravizados para o Brasil, e Fernando Martins do Amaral Gurgel Silva.

Hoje, as relações entre Brasil e Angola estão ainda mais fortes por meio de trocas econômicas, acadêmicas e culturais. No Brasil, são editados muitos autores angolanos, como Luandino Vieira, Pepetela, Agualusa, Ondjaki, Boaventura Cardoso, Ana Paula Tavares, entre outros, que nos apresentam a rica literatura desse país em seus livros.

Citando novamente o padre Antônio Vieira, estamos geograficamente na América, mas continuamos com nossa alma em Angola e em vários países africanos.

Vista panorâmica de Luanda, Angola, 2011.

Do Brasil para a África

Do mesmo modo que os povos africanos trouxeram suas culturas e influenciaram a cultura brasileira, podemos constatar grande influência dos brasileiros no continente africano, tanto no passado como no presente.

Os povos indígenas, primeiros habitantes do nosso território, produziram um alimento de uma planta venenosa, que se tornou a base alimentar para grande parte da população: a mandioca. Com paciência e muito experimento, eles foram capazes de separar as espécies venenosas das não venenosas e, ao longo da história, transformaram a mandioca em alimento principal de sua alimentação e também de portugueses e africanos que aqui chegavam depois de 1500. A mandioca exerceu em algumas partes do território brasileiro o mesmo papel que o **sorgo** exerceu na África, o arroz na Ásia e a batata e o trigo na Europa.

Indígena do povo Sateré-Mawé cortando mandioca para produção de farinha. Manaus, Amazonas, 2009.

Sorgo: cereal nativo das regiões tropicais africanas. É o quinto cereal mais importante do mundo, antecedido pelo trigo, o arroz, o milho e a cevada. O sorgo já era cultivado pelos egípcios há mais de 5 mil anos.

Agora, observe com atenção as imagens a seguir.

◆ Em suas viagens ultramarinas, os portugueses levaram a mandioca para o continente africano. Na foto, mulher raspando mandioca em feira na Ilha de Moçambique, Moçambique, 2009.

Na imagem abaixo, o maior cajueiro do mundo, localizado na praia de Pirangi do Norte, no município de Parnamirim, subordinado à Região Metropolitana de Natal, Rio Grande do Norte. Foto de 2011. ◆

Além da mandioca, o caju também é uma espécie nativa do nosso território. Em tupi-guarani, *acaiu* significa "noz que se produz". Os indígenas do litoral nordestino usavam a **floração** do cajueiro para marcar a passagem dos anos.

Mais informações

- Durante a colonização do nosso território, os portugueses levaram o caju à África e à Ásia.
- Para os moçambicanos, o caju é uma espécie nativa do seu território, da mesma forma que nós achamos que a manga e a banana são frutas brasileiras.
- Atualmente, no continente africano, países como Nigéria, Moçambique e Guiné-Bissau se tornaram grandes produtores de caju.
- Em Moçambique, o caju é um dos símbolos nacionais. Na Guiné-Bissau, ele se tornou o principal produto de exportação.
- Os Tremembé, povo indígena do Ceará, fermentavam o caju para produzir uma bebida que era consumida em seus rituais.

O caju é um **pseudofruto**, ou seja, ele faz parte da fruta do cajueiro, que é a **castanha de caju**, a qual consumimos torrada.

Floração: aparecimento e permanência de flores em uma planta.

Muitas Áfricas, muitas culturas

Plantação de caju na Guiné-Bissau, 2010.

Desde a luta pela independência em relação a Portugal, a Guiné-Bissau vem enfrentando diversos conflitos gerados por grupos políticos rivais em disputa pelo poder. Explorado durante a colonização e vivendo constante instabilidade política, o país ainda luta para se reerguer. Sua infraestrutura é precária: boa parte do território guineense não tem energia elétrica, água encanada, estradas e não há indústrias. Isso impede que os guineenses obtenham do fruto do cajueiro produtos industrializados, como fazemos aqui no Brasil, onde são produzidos sucos, doces e muitos outros produtos derivados dele.

Após a colheita do caju, as castanhas são separadas (foto à esquerda) e, depois, torradas (foto à direita). Guiné-Bissau, 2010.

Com a chegada da energia elétrica e da antena parabólica em várias cidades dos países africanos que adotaram a língua portuguesa como idioma oficial, a tevê brasileira tem influenciado o português falado nesses locais. Hábitos e expressões transmitidos pelos programas e, especialmente, pelas novelas brasileiras estão "abrasileirando" Moçambique, Angola, Guiné-Bissau, Cabo Verde e São Tomé e Príncipe.

◆ Parabólica em residência na Ilha de Moçambique, Moçambique, 2009.

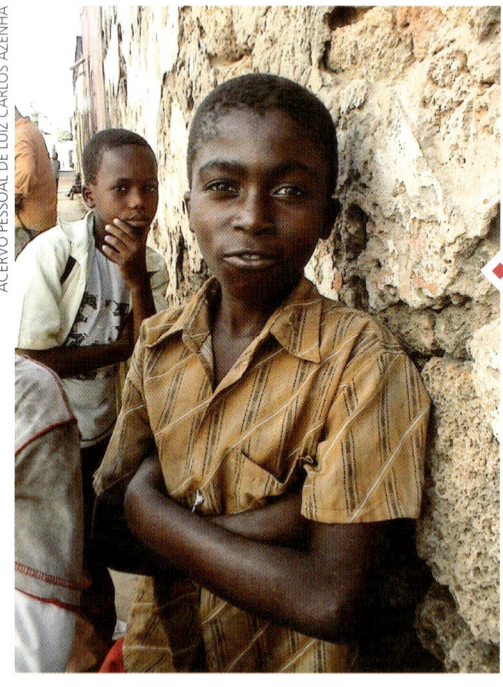

◆ Cabeção é como o menino, em primeiro plano na foto, gosta de ser chamado. Ele é do povo Macua e vive na Ilha de Moçambique. Seu apelido é de uma personagem de uma famosa série da televisão brasileira dirigida ao público adolescente. Ele gosta tanto dessa personagem que adotou o nome dela como seu. Foto de 2009.

◆ Ana (de vestido branco) é do povo Maconde e gosta muito do povo brasileiro. Mas o Brasil que ela conhece é o Brasil das novelas. Para ela, nosso país é um lugar repleto de paisagens verdes e praias lindas, sem problemas sociais. Foto de 2009.

Você passa muito tempo assistindo a programas de televisão? Será que o Brasil que Ana e Cabeção conhecem por meio das novelas brasileiras é parecido com o Brasil onde você vive?

As Áfricas que visitamos

Como você viu ao longo deste livro, estivemos em diferentes países africanos.

◆ Luiz Carlos Azenha, próximo a uma cratera de um vulcão na Ilha do Fogo, Cabo Verde, 2010.

◆ Conceição Oliveira no Arquipélago de Bijagós, Guiné-Bissau, 2010.

Ficamos muito surpresos com tudo o que vimos na África! Aprendemos sobre cada país que visitamos e seus povos.

Mulheres dançam na sede do partido da Frelimo em Nampula, Moçambique, 2009.

Em nossa memória, ficou a impressionante resistência dos povos africanos e a força de suas culturas tradicionais, pois, mesmo recebendo em seus territórios tantos povos estrangeiros, os africanos mantiveram muitos de seus costumes e conservaram suas línguas maternas ou recriaram línguas gerais para se comunicar.

Língua geral ou língua franca

É uma expressão para designar uma língua nascida do contato de diferentes povos, uma língua de relação que possibilita a comunicação entre grupos linguisticamente distintos para realizar trocas comerciais, por exemplo. No nosso território, durante a colonização, portugueses e povos indígenas se comunicavam por meio da língua geral **nheengatu**. O **crioulo** de Cabo Verde e o de Guiné-Bissau são exemplos de línguas gerais faladas até hoje.

Frelimo: partido político, que governa Moçambique, nascido durante as lutas de independência. A sigla significa: Frente de Libertação de Moçambique.

Crioulo: cada uma das línguas mistas nascidas do contato de um idioma europeu com línguas nativas, ou importadas, e que se tornaram línguas maternas de certas comunidades socioculturais: crioulos franceses (Haiti, Martinica, Guadalupe), crioulos ingleses (Jamaica, Estados Unidos), crioulos portugueses (África, Índia, China), crioulos neerlandeses (Indonésia).

As Áfricas que visitamos

A canção a seguir é da cantora cabo-verdiana Cesaria Evora (1941–2011), nascida em Mindelo, capital de São Vicente, uma das dez ilhas que compõem Cabo Verde.

CARNAVAL DE SÃO VICENTE

J'a'm conchia São Vicente
Na sê ligria na sê sabura
Ma 'm ca pud fazê ideia
S'na carnaval era mas sab

São Vicente é um brasilin
Chei di ligria chei di cor
Ness três dia di loucura
Ca ten guerra ê carnaval
Ness morabeza sen igual

Nô ten un fistinha mas sossegod
Ca bô exitá bô podê entrá
Coque e bafa ca ta faltá
Hôje é dia di carnaval

São Vicente é um brasilin
Chei di ligria chei di cor
Ness três dia di loucura
Ca ten guerra ê carnaval
Ness morabeza sen igual

CARNAVAL DE SÃO VICENTE *

Eu já conhecia São Vicente
Na sua alegria, na sua **sabura**
Mas eu não fazia ideia
Que no Carnaval era melhor

São Vicente é um pequeno Brasil
Cheio de alegria, cheio de cor
Nesses três dias de loucura
Não há guerra, é Carnaval
Nessa **morabeza** sem igual

Temos uma festinha mais tranquila
Não hesite, pode entrar
Bebida e tira-gosto não faltam
Hoje é dia de Carnaval

São Vicente é um pequeno Brasil
Cheio de alegria, cheio de cor
Nesses três dias de loucura
Não há guerra, é Carnaval
Nessa morabeza sem igual

Cesaria Evora. *Café Atlantico*. RCA Records Label, 1999. (CD).
* Tradução livre de Nélida Rodrigues.

Sabura: esse termo cabo-verdiano vem de *sab*, que quer dizer "muito bom", "muito gostoso".

Morabeza: outro termo muito usado em Cabo Verde; significa amizade, carinho, acolhimento, etc.

A letra dessa canção está escrita em crioulo cabo-verdiano. Ela descreve o carnaval na ilha natal da cantora. Cesaria compara a sua ilha ao Brasil: "São Vicente é um Brasil em miniatura".

Você achou o crioulo de Cabo Verde parecido com o português falado no Brasil?

Cesaria Evora em foto de 2008.

A cidade de Mindelo, capital da Ilha de São Vicente, lembra o Rio de Janeiro. Mindelo, Ilha de São Vicente, Cabo Verde, 2010.

As Áfricas que visitamos

Uma de nossas surpresas foi constatar, por exemplo, que grande parte da população dos países africanos que foram colonizados por portugueses, como Moçambique, Cabo Verde e Guiné-Bissau, apesar de ter como língua oficial o português, não usa essa língua para se comunicar.

Nos documentos oficiais, nos discursos de homens públicos e nas universidades, por exemplo, o português é adotado. Nas ruas, porém, o povo fala sua língua materna ou a língua crioula, como ocorre em Cabo Verde e Guiné-Bissau.

Cartaz publicitário da cidade de Praia. Observe que o texto publicitário está escrito na língua crioula de Cabo Verde. Ilha de Santiago, Cabo Verde, 2010.

As línguas crioulas de países como Cabo Verde e Guiné-Bissau usam várias palavras da língua portuguesa, de línguas africanas e também a estrutura de suas línguas maternas. O resultado dessa mistura é que o crioulo não é português nem outra língua africana que lhe serviu de base. Na verdade, é uma nova língua que cabo-verdianos e guineenses utilizam para se comunicar.

Na Guiné-Bissau, existem pelo menos 30 povos diferentes que falam línguas distintas. Cada guineense é **bilíngue**. Alguns até dominam várias línguas, como é o caso do escritor Abdulai Sila, que fala nove línguas.

Para você ter uma ideia de como o crioulo é uma língua importante na Guiné-Bissau, assim como em Cabo Verde, os imigrantes chineses contemporâneos aprendem o crioulo para se comunicar com a população local.

As danças africanas, assim como as nossas, são muito diversas, têm estilos e ritmos diferentes, de acordo com as comemorações de cada povo, como a kussundé. Essa dança é tradicional de alguns povos, como o Papel e o Balanta. Trata-se de uma dança cerimonial praticada pelos jovens solteiros que ainda não fizeram o fanado (iniciação para a vida adulta). Cada grupo, sob a orientação de um chefe, procura surpreender o público com inovações na música, no traje e na coreografia, que é desafiadora, divertida e teatral.

> **Bilíngue:** pessoa que fala duas línguas.

Na foto, Primeiro Festival de Cultura Kussundé, na cidade de Nhacra, Guiné-Bissau, 2010.

As Áfricas que visitamos

Crianças e adolescentes como você

Em nossas visitas a vários países africanos, nos deparamos com adolescentes e crianças que, como você, brincam, estudam, ajudam seus pais nas tarefas de casa, veem televisão e sonham em crescer e ser felizes.

Para finalizar a leitura deste livro, vamos apresentar algumas delas.

No Alto Ligonha, província da Zambézia, encontramos meninos e meninas recebendo cadernos e lápis num sábado à tarde embaixo de um cajueiro. Eram alunos da professora Diamantina, que, sozinha e com poucos recursos, mas muita disposição, leciona a essas crianças de diferentes idades da mesma turma. Zambézia, Moçambique, 2009.

Aprendemos muito com a adolescente Belquiza, uma garota macua que vive na Ilha de Moçambique. Além de ótima aluna e neta carinhosa, ela se dedica a um projeto de rádio comunitária e educativa, que fala dos principais problemas que afetam a população da ilha. Ilha de Moçambique, Moçambique, 2009.

Encontramos alegria e esperança nos olhos destes pequeninos. São crianças de Beira, província de Sofala, Moçambique, voltando da escola. Foto de 2009.

Crianças do povo Himba posam para as nossas câmeras. Namíbia, 2010.

Meninas do povo Macua da Ilha de Moçambique fazendo graça para serem fotografadas. Ilha de Moçambique, Moçambique, 2009.

A criança macua da foto se apresentou a nós como Miguel. Esse é o nome da pessoa que lhe deu a camisa do Juventus, time de futebol da Itália. Ilha de Moçambique, Moçambique, 2009.

Crianças cabo-verdianas na comunidade de Chã das Caldeiras. Nessa comunidade, há várias crianças de pele e olhos claros e cabelos crespos. São descendentes de um conde francês que viveu na ilha no final do século XIX e princípio do século XX. Ilha do Fogo, Cabo Verde, 2010.

Ao deixar o continente africano, estávamos emocionados. Um misto de saudade, encantamento e solidariedade nos invadiu.

Sugestões de leitura

Livros

- **A África, meu pequeno Chaka...**, de Marie Sellier e Marion Lesage. São Paulo: Companhia das Letrinhas, 2006.
  O livro apresenta uma interessante conversa de um avô africano, apaixonado por sua terra natal, com seu neto sobre a vida na África e os diferentes costumes que ela abriga.

- **A vida em sociedade: olhar a África e ver o Brasil**, de Pierre Fatumbi Verger e Maria da Penha B. Youssef. São Paulo: Companhia Editora Nacional, 2005.
  São textos e fotografias de pessoas na África e no Brasil, em diferentes situações do cotidiano: festas, feiras, brincadeiras, rituais, entre outras.

- **Berimbau mandou te chamar**, de Bia Hetzel (Org.). Rio de Janeiro: Manati, 2008.
  O livro apresenta a história da capoeira e traz diversas cantigas relacionadas a essa forma de luta e arte.

- **Canção dos povos africanos**, de Fernando Paixão. Fortaleza: IMEPH, 2010.
  Trata da importância das canções para os povos africanos, mostrando como elas podem ser utilizadas em diversos momentos da vida, como no nascimento e no rito de passagem para a vida adulta.

Sites e publicações *on-line*

- **A influência das línguas africanas no português brasileiro**
  <http://www.educacao.salvador.ba.gov.br/documentos/linguas-africanas.pdf>

- **Crioulo cabo-verdiano**
  <http://www.iltec.pt/divling/_pdfs/linguas_crioulo_cv.pdf>

- **Fundação Palmares – personalidades negras**
  <http://www.palmares.gov.br/?p=8470>
  Traz informações sobre algumas das personalidades negras que marcaram a história do Brasil e do mundo.

- **Mulheres africanas na ciência**
  <http://www.partes.com.br/emquestao/mulheresafricanas.asp>

- **TV Brasil**
  <http://www.tvbrasil.ebc.com.br/novaafrica/>
  Vários episódios que tratam de assuntos relacionados ao continente africano.

Os endereços eletrônicos foram acessados em agosto de 2014.

Bibliografia

ALENCASTRO, L. F. de. *O trato dos viventes*: formação do Brasil no Atlântico Sul. São Paulo: Companhia das Letras, 2000.

HERNANDEZ, L. L. *A África na sala de aula*: visita à História contemporânea. São Paulo: Selo Negro, 2005.

NKEECHI, S. I. *Contos da Lua e da beleza perdida*. São Paulo: Paulinas, 2009.

_____. *Ulomma*: a casa da beleza e outros contos. São Paulo: Paulinas, 2006.

PINGUILLY, Y. *Contos e lendas da África*. São Paulo: Companhia das Letras, 2005.

QUENTIN, L.; REISSER, C. *Ao sul da África*: na África do Sul, os ndebeles. No Zimbábue, os xonas. Em Botsuana, os bosquímanos. São Paulo: Companhia das Letrinhas, 2008.

RIBAS, Ó. *Misoso*: literatura tradicional angolana. 2. ed. Luanda: I.N.–U.E.E., 1979. v. 1.

VIEIRA, J. L. *A cidade e a infância*. São Paulo: Companhia das Letras, 2007.